说“英雄”谁是英雄

（代序）

一本书成，按照惯例，总应该在书前写点什么。

正在为此而踌躇，感觉没有什么话可说的时候，突然想起了几年前自己的一篇旧文，题目就叫：说“英雄”谁是英雄。文不长，先引在下面：

笔者对近代史感兴趣，偶有所感，便拉扯写点什么，最近的一篇题为《说到“英雄”一涕然》（刊《书屋》杂志2004年第5期），是关于被孙中山先生评为“吾党唯一柱石”，终遭袁世凯遣人刺死的陈其美的，我对他的舍身就死和暴戾恣睢的纠缠发了点感慨。文章刊载后引起了一些朋友的议论，因为他们认为陈其美尽管犯过一些诸如暗杀同志和商务印书馆创办者等错误，但他始终拒绝北洋政府的拉拢，誓死和以袁世凯为代表的黑暗势力抗争，以大节而言是一个“富贵不能淫、威武不能屈”的大英雄，而我的文章未免有些唐突英雄。

说“英雄”谁是英雄？朋友的非议刺激我禁不住要追问一下了。其实这是一篇早就想写的文章，早在张艺谋的

《英雄》巨片推出的时候就想写了。把一部商业片弄出点文化的噱头是老谋子特有的本领，《英雄》落幕，一个问题自然而然会浮上观众心头：侠客，秦王，谁才是真正的英雄？按张艺谋的处理，在他心目中，当然是秦王才无愧于“英雄”称号的。尽管张艺谋对此肯定能够轻巧地搬出一套理论，而且多半会得到不少人士的认同，但它至少无法说服像我这样只希望好好生活的庸人，我的一个很没出息的观点是：如果在“英雄”的许诺、指引乃至支配下，升斗小民无法得到现实的福祉，甚至还会为种种虚幻的东西赔进无数血泪，这样的“英雄”不要也罢。回头看陈其美，其一生行事的确有一股“大丈夫不怕死”的气概，但仅仅不怕死能解决什么问题呢？陈氏在上海都督（相当于今之市长）的任上，花天酒地，任用私人，更有随意捕人、杀人等种种无法无天之举，对一个历史人物来说，难道这些都是可以轻易放过的小节？我想，对生活在历史现场的上海人来说，他们的市长和谁谁谁誓死抗争并不是多么紧要的问题，只要他亲民爱民肯为市民多做实实在在的好事就够了。也许，有人会辩解说，陈其美当年的种种非正义是为了结果的大义，意思是只要目的纯正，手段如何可以不问。可是这种“结果的大义”究竟在哪里呢？说来说去不过是几个缥缈的符号而已，这实在有几分像牧师，在口讲指画中要人们忍受现世的苦难，声称即将带他们到天堂里去。民国元老于右任先生历尽沧桑世变，有诗曰：“风虎云龙亦偶然，欺人青史话连篇。中原代有英雄出，各苦生民数十年。”好一个“各苦生民数十年”，他是看到了这种英雄的本质的。

英雄崇拜是古今中外哪个国家哪个民族都有的现象。卡莱尔在他关于英雄的讲演中就曾断言：“人类在这个世界上已完成的历史，归根结底是世界上耕耘过的伟人们的历史。”可是什么样的人物才配称英雄和伟人？中西却判然有别。不仅是伏尔泰说过牛顿比克伦威尔伟大，罗曼·罗兰作《巨人三传》，选的也是贝多芬、弥盖朗基罗和托尔斯泰，他把这三位伟大的天才称为“英雄”。正如杨绛女士所评论的，罗曼·罗兰所说的英雄，不是我们惯常理解、称道的英雄人物，那种人凭借强力，在虚荣和个人野心的驱使下，往往会给人类带来巨大的灾难，罗曼·罗兰所指的英雄，只不过是“人类的忠仆”，只因为具有伟大的品格；他们之所以伟大，是因为能倾心为公众服务。什么时候，国人的“英雄观”也彻底改变过来呢？

从《水浒》扯到近代史上的陈其美，似乎有些离题了。其实以上文字正透露出我写作“水浒系列”的初衷：校正传统的“英雄观”。而明眼人更能看出，不论是关于陈其美，还是梁山好汉，在“英雄”的判断问题上，我秉持的价值观都是一以贯之的，即看是否把人的天赋权利摆在最重要的位置。可以说，我的每一篇关于《水浒》的文章，都贯穿着这样一种价值观，我之非议梁山好汉，也是因为他们常常是漠视人的天赋权利的。

千百年来，漠视人之天赋权利的梁山好汉为什么会受到国人的追捧？在我看来，这和中国总是流行“清官戏”一样，实际上人们未必不知道这些“清官”很难在他的生活中现身，但人总是要有一些梦想的支撑。“清官”和“英雄”，就是人们编织的美好的梦，尽管更多时候这样的梦一个个归于幻灭，但人们还是要一次次编织，以安慰和麻醉自己。

冷静甚至冷酷地打破人们对水浒英雄的梦想，已有很多前贤这样做过了，如周氏兄弟在一些零星的文章中就有所涉及，另外当代的王学泰先生用“游民文化”的视角，也发表过很多独到之见。我的书中借用前贤论述的地方（此外还有钱穆先生关于中国历史的一些观点），都尽量标注清楚了，以示不敢掠美。如果说在前贤论述之外，这本小书还有一点特色，那就是在打破人们关于英雄的梦想方面，我这毕竟是专书，所以能用更多的篇幅，比前贤们做得更为彻底。至于前贤们没有论述到的，如梁山座次之谜、梁山女将之特殊地位和作用、英雄与情色之关系等等，我也作了尝试性的分析。另一方面，和当下一些解读《水浒》的大著相较，我也许显得更“保守”一些，因为我写作之初就坚持，一定要紧紧立足于《水浒》的文本，结合宋朝特定的历史背景，不作泛泛的隐射式书写，更不“戏说”。

时代在进步。在过去，打破人们对水浒英雄的梦想，也许多少还会有一点风险，至少会引来一顿臭骂，而现在则迥然不同了。我这组关于水浒的文字，最早是在《文汇报》“笔会版”以专栏形式陆续刊载的，应该说受到了读者广泛的欢迎，网络和纸媒转载如潮，由此似乎足以证明，接受现代文明理念洗礼的人是不可阻挡地越来越多了。现在我扩充篇幅，结成一个小集子，仍然以原专栏“说破英雄惊杀人”为书名。“说破英雄惊杀人”是《三国演义》中曹操刘备青梅煮酒那一回里的一句诗，移用来比较契合我写作过程中的心境。

此书之完成，除了感谢中国青年出版社领导和编辑的美意，我还要特别向两个人致敬。两个人一“古”一“今”，分别是金圣叹和张恨水。金圣叹对《水浒》的评点和张恨水先生那本薄薄的《水浒人物论赞》，对我写作此书给了很大的启发。

最后的一点说明也许不是无关紧要的：虽然我对水浒英雄基本不予认同，但这并不代表我对《水浒》一书的否定。《水浒》既然贡献了这么多异彩纷呈的艺术群像，人们至今不失谈论的兴趣，那它就完全有资格入伟大的著作之林。

人物：光明与幽暗

李逵：淳朴的嗜血者

提到李逵，我就有一种很复杂的感情。对这个莽大汉，随着年龄和阅历的增长，我的认识先后经历了好几种变化：孩童时代，喜欢他敢爱敢恨无拘无束，坚持要造反到底，少年时代同情于他的被宋江鸩死，惋惜英雄之没有善终，后来却渐渐对这个人的滥砍滥杀充满了恐惧，认为这是一股可怕的破坏性力量。再就是当下了，多了些理性的我，越来越感到，对这个黑大汉很难下一个简单化的判断。

黑旋风李逵究竟是怎样一个人物？

李逵的性格特征

还没有经历人生艰险的人，没法不喜欢李逵。这个莽大汉虽然匍匐在底层，但却视生活重压若无物，活得如此洒脱、奔放、无牵无挂，而且是那么坦荡、率真、质朴，敢爱敢恨敢做敢当，简直就是一个永远长不大的全无心机的大男孩。在许多方面，李逵身上凝结了最底层人们的可贵品质。可是，从情感上亲近是一回事，理性的选择可能又是另一回事，一个想过平庸的幸福生活的人，谁愿与李逵为邻？至少我就不愿意，像我这样的庸人只想平静地活着，可不希望身边有一个说不定啥时就会打破这种平静的人。李逵正像一枚不定时炸弹，极有可能在你意想不到的时候突然引爆，将好不容易积攒起来的幸福一股脑儿埋葬。

李逵为什么会让一个凡夫俗子害怕？也许是他过于无拘无束无牵无绊了，破坏的能量十足骇人。其实也不是只有我这样的庸人才对李逵怀有隐忧，鲁迅先生当年就说："李逵劫法场时，抡起板斧来排头砍去，而所砍的是看客。"《水浒》作者用欣赏的笔调，浓墨重彩托出的，也正是这样一个"嗜血者"形象：李逵的板斧向来是"排头砍去"，而且动不动就会"杀得手顺"，在他"杀得手顺"的状态之下，是没有是非曲直好说的。扈三娘一门老幼，即使全凭水浒好汉的善恶观，恐怕也没有多少纯粹的恶人，可当他们顺着李逵的巨斧倒下时，只能怪自己运气太坏了。《水浒》虽然处处是刀光剑影，但快意恩仇，几乎没有悲悯色彩，唯独那个年仅四岁"生得端严美貌"的小衙内的死让人心痛，"小衙内倒在地上，……只见头劈做两半个"，制造这一幕的正是咱们的"黑旋风"！也许在逼使朱仝上山入伙的目标之下，无论在哪个梁山好汉的眼里，一个小衙内的生命都是不堪一顾的，然而这种超过正常人心理承受度、毫无必要的暴力，却似乎只有交给李逵去做，才会那么挥洒随意得心应手。

李逵崇尚暴力，流血越多，他越兴奋，但他并不像一般的流氓无产者那样浑身无赖气息，相反他是那么淳朴。淳朴和嗜血，这就是李逵最显著的性格特征。在他身上，这两种很不协调的特征得到了奇怪的统一。他事亲至孝，对母亲的爱纯出天性，所以当母亲不幸被虎吃了，他在荒山上的"大哭"才格外让人感动；他又嫉恶如仇，最看不惯以大欺小以强凌弱，哪怕是自己最崇敬的大哥宋江，如果欺凌弱小，他也会义无反顾拔刀而起。一个嗜血者当然让人恐惧，而一个淳朴的嗜血者除了带来恐惧，还让人困惑。为什么淳朴和嗜血这两种迥异的特质可以在李逵身上统一起来？其实并不奇怪，就因为李逵是个完全不把生命当回事的人。他不仅对别人的生命全无怜惜，就是自己的生命也是毫不以为意的。他把战争、杀人和流血看得像一场游戏，他是那么热衷于拿自己的脑袋作赌注，“脑袋掉了碗大个疤”是李逵们的通用口头禅，仿佛人们（包括他们自己）脖子上顶着的不过是一茬割了还可以再长的韭菜。在一个全然不知怜惜生命的人眼里，许多血腥的、旁人难以理解的行为于是变得自然和正常了，书中写道，李逵一次偶尔听说某人家里闹鬼，便主动请缨捉鬼，但当他弄清所谓闹鬼实系这户人家的女儿与人偷情时，居然一鼓作气将一对野鸳鸯杀尽了事，这一情节典型地代表了李逵的风格：急公好义，却又草菅人命，淳朴和嗜血就这样达到了高度的统一。

连自己的生命都不怜惜的人是非常可怕的，我常疑心千百年人们之喜爱李逵几乎是叶公好龙。纸上的、幻觉中的李逵的确可爱极了，但如果他一旦从纸上进入到真实的生活，又会有几人不敬而远之甚至退避三舍？

怜惜李逵的人都会为其死于非命而惋惜，那么如果李逵幸而不死，甚至更进一步，幸而造反成功，我们又将看到一个什么样的李逵？

李逵造反成功后会怎样？

曾经有一个时期，李逵被解读为最坚决的革命者，宋江投降路线最彻底的反对者，因为他是高叫“招甚鸟安”，强烈主张“哥哥做皇帝，教卢员外做丞相，我们都做大官，杀去东京（指北宋首都开封），夺了鸟位”的。

因了李逵在梁山上微末的地位，更因了他对宋江个人的忠诚和崇拜，李逵即使反对但还是走上了招安之路，并最终死于非命。那么，如果梁山没有接受招安，造反到底，并真的一如李逵的预期，“杀去东京，夺了鸟位”，又会是怎样的一幅图景呢？我们不妨按照历史的某种规律，结合李逵的性格特征，进行一番合情合理的推测。

首先可以肯定，李逵决不会想到，在造反大军中由他来对宋江取而代之，他永远都只会是大哥宋江的追随者。这里面当然有一种极为朴素的情感，这种情感深厚地植根于底层人民中间，往往是大人物无法想象的。

其次，一旦造反成功，宋江坐了龙庭，李逵“做了大官”，这时的李逵即使再全无城府心直口快乃至胆大妄为，也会在经历一段适应期后，慢慢融入一种新的主流秩序，其个性会受到很大的约束。这是有历史先例可循的。当年刘邦夺了皇位，那群生死兄弟起初在朝廷上大叫大嚷全无礼仪，刘邦没奈何，请人制订了一套严格而又完整的制度，兄弟们终于明白生死相随甘苦与共的时代已一去不返，乖乖地进入了新的秩序中，刘邦高兴地说现在才知道当皇帝的趣味啊。

最后，根据李逵的性格特征，我们可以判定，即使他当了大官，即使不能不臣服于一种新的主流秩序中，他也不会丢掉一些本色的东西，这就是他对贪官污吏的天然憎恶不会改变，他对不义之财也会一如既往的排斥，也就是说他很有可能是我们传统意义上的一个清官。然而由于他的致命缺陷，比如专业能力的欠缺，比如他暴虐的天性，清官李逵哪怕有一些看似非常符合底层百姓预期的良好意愿，却未必不会做出一些极其荒谬的事来。

李逵做官后会怎样？《水浒》一书中其实有过一回预演，却常被人忽略。当日李逵手持双斧，来到和梁山泊临近的寿张县，就过了一回县官瘾。击鼓升堂后的李县令要审案子了，甲说“相公可怜见，他打了小人”，乙说“他骂了小人，我才打他。”李县令问：“那个是吃打的。”甲说“小人是吃打的。”于是李县令下了这样一道判决：“这个打了人的是好汉，先放了他去。这个不长进的，怎地吃人打了，与我枷号在衙门前示众。”这一幕看似滑稽，却符合李逵的世界观和价值观。李逵们和常人相比，自有一套独特的理论系统，在崇尚暴力的李逵眼中，老天让一个男人长两只手两只脚，天生就是用来施暴和抗暴的，如果被人施暴了，那只能证明你的无能。这样一套理论，如果李逵仅仅是一介平民，如果他除了对自己，还没有号令他人、主宰社会的权力，虽然会惹出一些乱子，但还是蛮可爱还是有相当观赏性的，可如果他拥有了一定公权，他的权力可以影响他人乃至社会了，在其治下，必将陷入没有规则的混乱中。有时候，这种没有规则，可能会于冥冥中契合“自然律”，对旧王朝那种腐恶秩序起到意想不到的矫正和调适的作用，但多数时候，全无规则，即使对老百姓而言，也不是一件好玩儿的事。

造反成功后的李逵是会让宋江大伤脑筋的。不仅仅是这人说话无遮无拦，可能说破皇帝隐秘的心事，也不仅仅因为他没大没小会损害朝廷尊严，更因为他不学无术不讲规则，让宋江感觉在分配权力的盛宴中，对这个小兄弟实在不好安排。打江山的过程中，需要这种人冲杀在前，发挥其巨大破坏力，可是真要坐了江山，这种人却只会成事不足败事有余。当然，优待和宽容还是要的，毕竟曾经共过患难，即使完全是为了做给人看，宋江也会让李逵享尽荣华。综合考量，宋江的最优选择是，对李逵大加赏赐，让他回到自己的庄园中，做富家翁去，皇帝说不定还会常常亲临他的庄园，以示恩宠。造反成功后的李逵收获了个人的尊荣，但也完成了他的使命，肯定会早早退出政治生活，在新搭建的政治结构中，注定发挥不了任何实质性作用。

柴进：落魄贵族的挣扎

水浒一百单八将，上梁山的原因有几种不同的模式，其中最容易激发读者之共鸣的，则是在官府和豪强的挤压、迫害之下，非如此不足以安身的模式，谓之“逼上梁山”，代表人物是林冲，而与此相近的则有“小旋风”柴进。柴进因叔叔被高唐州知府高廉的妻舅殷天锡强占花园，前往理论，结果“失陷高唐州”，最后随着前来解救他的水浒英雄落草上山。可是柴进的上梁山与林冲表面相似，实质却大有区别。想那林冲，虽然武艺超群，居家过日子时却是一安分守己之良民，反观柴进，却大异其趣。读水浒的人谈到柴进，都会情不自禁地想到两个问题：作为旧王孙的柴进，为什么不肯安分守己，又为什么那么喜欢对江湖中人“仗义疏财”？

先说说柴进的出身。《水浒》书中说他是“后周柴世宗嫡派子孙，因祖上有陈桥让位之功，太祖武德皇帝敕赐他誓书铁券在家，无人敢欺负他。”这里的“陈桥让位”云云自是说书人的狡狯，当不得真的。后周世宗柴荣应该要算中国历史上帝王中的一个杰出人物，可惜死得早了点，留下孤儿寡妇和大好江山，怎不让枭雄们生觊觎之心？一般人物看着皇帝宝座眼热倒也罢了，最要命的是其中有一个手握“枪杆子”大权的人，这个人就是宋朝的开国皇帝宋太祖赵匡胤，时为后周的禁军统帅。柴荣的儿子继位后，本来是让赵匡胤领兵去抵御契丹人的，可是到了陈桥驿这个地方，突然发生了兵变。兵变的真相史书上是看不到的，因为历史向来是由胜利者——即最后取得政权的人来书写的。所以，现在正史上关于陈桥兵变，当时太祖“醉卧”，对兵变毫不知情，对士兵拥戴他当皇帝的意愿“固拒之”等等，都是骗人的鬼话，即将登上宝座的皇帝和以开国功臣自期的将领和士兵们，在这里只是演了一个不太高明的双簧罢了。不过到底因为赵匡胤得位不正，心里发虚，也可能是赵匡胤这人还不像其他皇帝那样凶残，更有可能是他更聪明，看透像柴氏这样的政治“跛鸭”很难对他的统治带来实质性威胁，乐得显示自己的仁厚慈祥，总之，宋朝皇帝对柴氏后裔还是相当优礼的。不过，优礼是优礼，却还没到“敕赐他誓书铁券”的份儿上。史书记载，赵匡胤称帝后的确给臣下赐过一些铁券。所谓铁券，是一种“其状如瓦，铁质金字”的玩艺儿，外面刻功臣履事功，里面刻的是免罪的条款，这种器物一分为二，受赐者一份，朝廷里藏一份，受赐者及其后人如果犯罪，拿这块东西出来，和朝廷里那一块验合，于是可以减免罪行。但宋朝人得赐铁券的，都是拥戴赵匡胤当皇帝有功之人，其中并无柴氏后裔。《水浒》作者安排给柴进一块铁券，这是小说家言，不能以史实硬去纠缠，更重要的是，这块铁券在小说中出现，还富有非同寻常的作用，它不仅象征着柴进的贵族身份，更以它在与新贵冲突中一种出人意料的沦落，昭示出社会变革的悲喜剧。

按《水浒》的安排，既然连铁券都赐了，柴进所受的尊荣是可以想见的。可是这样一个受尽优礼的人，平日喜

欢做什么呢？柴进村中小酒店的老板说得明白：“专一招集天下往来的好汉，三五十养在家中。常常嘱咐我们：‘酒店里如有流配来的犯人，可叫他投我庄上来，我自资助他。’”专一招集好汉、资助朝廷的罪人，这是一个安分守己的良民所应该做的吗？单凭这两条，在封建王朝已容易被认为有不轨之心，须知，早从春秋战国时代开始，喜欢蓄养门客就已经大犯官家忌讳了，门客众多，有的甚至阴蓄死士以备驱驰，在坐稳了宝座的人看来，都是一种巨大的威胁。而柴进所做的还远不止于此，他对官府明令通缉的要犯不仅没有尽一个臣民的应尽之劳，相反还屡屡以自己的特殊身份和地位给予荫庇，像做下惊天大案的晁盖等人，就是柴进介绍遁入梁山泊的，这已经是不折不扣的犯罪了。不论以什么样的价值观去观照，这都是犯罪，除非是一个完全不讲秩序、号召砸乱公检法的非常时代。

柴进一边享受朝廷给予的尊荣，另一边在江湖上也享有极高的声誉。第三十五回，石勇在酒店里不肯让座，拍着桌子道：“老爷天下只认得两个人（即柴进、宋江），其余的都把来做脚底下的泥”，可笑这个石勇在《水浒》里只是一个排不上号儿的人物，但他虽然狂妄无知，却还知道尊敬柴进呢；晁盖等人初上梁山，为王伦所不容，王伦却还顾忌“于柴大官人面子上不好看”，即使下决心要“送瘟神”，好歹还要忍痛拿出一些银子来做打发，这都是柴进的影响无所不在的有力证明。探究柴进之获得江湖好汉的敬仰，既不是因为他有什么惊人的才艺，实质上也非其门弟和财富，而是因为他支配财富的方式，“仗义疏财”，“门招天下客”，不论是真的英雄，还是鸡鸣狗盗之徒，谁来找他都会有面子有收获，很对江湖中人的脾胃。柴进对江湖中人的慷慨解囊，是缘于一种视金钱如粪土的天性，还是别有机心？如果说纯粹是一种个人美德，很难解释他疏财为什么还甘冒那么大的风险而不惜。世界上大概绝不会有像柴进这样的慈善家，置牢狱之灾甚至身家性命于不顾，也要不折不挠地给不相干的人大把大把掏银子。柴进如果真的只是一个道德高尚动机纯粹的大慈善家，那最受他实惠的应该不是江湖中人，而应该是他村子中的百姓，读《宋史》我们可以知道，在宋朝，农民所受赋役盘剥之苦是非常深重的，柴进要天女散花式地撒钱，绝对不愁没有一个更会彰扬其慈善美名的地方，可是从《水浒》书中，我们没有看到柴进对他村子中的普通百姓有什么值得一提的善举和义举。

柴进的“仗义疏财”、“门招天下客”说到底只是落魄贵族的一种挣扎。“无人敢欺负他”，那都是过去的事了，遭逢一个失序的时代，随着新贵的崛起，旧贵族的地位和权势已经受到了挑战。新旧贵族的此消彼长在柴进和殷天锡的对话中表现得淋漓尽致，柴进道：“我家也是龙子龙孙，放着先朝丹书铁券，谁敢不敬！”殷天锡喝道：“这厮正是胡说！便有誓书铁券，我也不怕！”殷天锡为何如此张狂？不外因为他背后站着高廉，而高廉的背后站着当朝太尉高俅罢了。新旧贵族的冲突是封建王朝里常要上演的剧目，特别是在秩序失范、惯常的伦理规则受到蔑视的时候，新生的权贵们已经不满足于已有的权力和金钱，还渴望身份和尊荣。我疑心殷天锡们未必非要那个园子不可，不过欲借此打击旧贵族的声势而已。在这场新旧贵族的冲突中，柴进一方明显屈居下风，即使他占有更多的公理，甚至还持有御赐的丹书铁券，也没能让柴进得到官方的任何支持，这固然可以一方面看出规则和秩序被蔑视到了何等地步，看出当时的司法烂到了何等地步，是否另一方面还透露出政府对柴进的警告和裁抑之意呢？柴进大张旗鼓地吸纳亡命，哪怕官府的效率再低，恐怕也不会不引起相当的注意吧？

虽然正史上缺乏细节，但我们可以揣着常情常理去忖

度，宋朝开国时对柴氏的优待到了柴进这一辈，估计更多的只是一种象征意义了。铁券当然还是那块铁券，只是成色已差了许多，越来越黯淡了。柴氏之后虽然还是贵族血统，可已经不再是社会的强势力量，已经成为落魄的贵族。应该说柴进是个非常精明富有远见的人，早在这场冲突前，他已敏感地意识到他可能遇到了先辈们未曾遇过的困局，应对这种困局，不是他们习惯的那种挟金钱美女，靠在官府中上下其手就能避免家族衰败的，而必须借助一股被视为非正统的力量，就是侠客和游民，以预为之用。柴进花费这么多金钱，在和他身份极不协调的那一干人面前，表现得那么谦恭那么无微不至，可以说除了金钱还费尽了心机，平心而论，这一切绝非为了造反，为了夺回曾经属于柴家的宝座。柴进只是凭直觉感到时代变了，感到自己和家族的利益有面临侵害的危险，感到这股非正统的力量终有发挥作用的那一天。果然，当他身陷囹圄，不惜大动刀兵前来相救的都是受过他恩惠的江湖豪杰。柴氏家族中，平日里肯定颇多不以柴进“礼贤下士”为然者，但当他们用尽所有资源，仍然不能解救家族危机甚至有可能搭上柴进性命的时候，面对这唯一的救星，他们定会在心里赞叹柴进的英明和富有远见。

“天下没有白吃的午餐”，这是经济学上的一条原理，意思是所有收益都要付出成本。柴大官人的“仗义疏财”故事，验证的却是这样一条简单的原理，这真是一件很有趣味的事。

阎婆惜的抉择

《水浒》的作者好像是很不喜欢女人的，一部大书，人物上百，女性却寥寥无几，而且这很少的几个女人，不是淫荡，就是全然没有女性特征。而阎婆惜就是这所谓“淫妇”中的一个。

即使是在潘金莲、潘巧云等一干“淫妇”中，阎婆惜的地位也是非常特殊的，这当然是因为她与梁山泊王宋江的关系。如果没有这个阎婆惜，宋江恐怕依然会稳稳地做他的押司，唱忠孝节义的高调，虽然肯定还会和梁山这个江湖组织暗通款曲，却未必真会走上梁山。

遇上阎婆惜是宋江生命中的一个转折。反过来说，遇上宋江，何尝又不是阎婆惜生命的一个转折呢？

宋江阎婆惜关系之实质

宋江阎婆惜之间究竟是一种什么关系？《水浒》中是看得并不分明的。

因为阎婆一家流落到郓城县，当家的又“害时疫死了”，无钱收殓和度日，有“及时雨”之称的宋江及时伸出了援手。虽然我不喜欢宋江其人，但在这件事上，窃以为宋江是无可挑剔的，他面对哀哀求告的阎婆和居间介绍的王婆，不假思索地掏出银子周济，只是出于一种豪爽、不吝钱财的本性，而没有什么其他功利的目的，因为在这个时候，阎婆要论唯一可以拿得出来的“本钱”，只有她的女儿阎婆惜，而这时宋江还根本不知道她有这么一个千娇百媚的女儿呢。

要把阎婆惜与宋江“做个亲眷来往”，这是阎婆的主动。其中固然有一点报恩的意味，而更多的，恐怕还是一个饱受流离失所之苦的老人现实的考虑，她已经探清了宋江的底细，掂量出了他在郓城这个小县城的份量。对阎婆母女这对外乡人来说，要在郓城这个地方生活下去，觅到一枝之栖，还有什么比依靠宋押司更好的选择？

可是，“宋江依允了，就在县西巷内，讨了一所楼房，置办些家伙什物，安顿了阎婆惜娘儿两个，在那里居住”，这对阎婆惜来说，算什么呢？是传统所谓“外宅”即今之“二奶”吗？可是后面写道，阎婆惜借梁山书信威胁宋江，要宋江“从今日起便将原典我的文书来还我”，这分明又是一种主与奴的关系。

这样一种关系，连阎婆恐怕都难以餍足的，这从阎婆找人说媒之前，还要专门打听宋江有没有娘子即可见出，否则想做人小妾，甚至给人做奴婢，又哪里需要知道对方有没有妻室呢？对这样一种连阎婆都不满意的关系，那个从小在风尘中闯荡，“长得好模样，又会唱曲儿，省得诸般耍笑”的阎婆惜，持何种态度，就更是不言而喻了。可是从表面上看，阎婆也好，阎婆惜也罢，最后都对这种关系表现出了妥协，尤其是阎婆，在女儿冷淡宋江的时候，还要拼命巴结宋江，竭力维持这种关系。其中原因当然也是一望即知的，无非是因为在强势的宋押司那里，阎氏母女几乎没有什么可供博弈的资本。

专门安排一个房子养着，又还有一纸典身的文书限制着她的自由，阎婆惜于宋江，可以说既近似妾又不是妾，因为她的人身是受限制的；既近似奴又不是奴，因为她要比一般的奴贡献更多的义务，即还要供主人性的发泄。这样一种身份，决定了阎婆惜在宋江那里的地位，是连一般的“妾”和“奴”都不如的。这就是宋江、阎婆惜关系的实质。

没有妻室的宋江为什么用这样一种方式安置阎婆惜？其中一个重要原因，应该归结为阎婆惜的身世，宋江虽然只是一个区区小吏，毕竟在县城要算有头有脸的人，像阎婆惜这样自小在社会上闯荡，近于歌伎一流的女子是难以任其登堂入室的。那么宋江之纳下阎婆惜，是否和他当初给阎婆银子一样，全是一种没有功利动机的义举呢？恐怕也不尽然，尽管《水浒》中说宋江“只爱学枪使棒，于女色上不十分要紧”，但英雄也难免贪恋美色，会有情欲的需求，否则，又怎么会“初时，宋江夜夜与婆惜一处歇卧”呢？至于宋江“向后渐渐来得慢了”，似乎又恢复了所谓英雄本色，其实若用今天的大白话道之，不过就是“玩腻了”三字而已！

玩腻了的宋江渐渐来得慢了，然而因为那一纸典身的文书，宋江实际上还握有对阎婆惜身体的垄断权。宋江对阎婆惜的伤害是双重的，一是在人身上的垄断，二是他霸占着一个有着正常欲求的妙龄女子，却又不给她需要的情和欲。

花样年华的阎婆惜，因其性格的倔强，自然要竭力挣脱这种处境。她不喜欢“黑矮”又不通风情的宋江是一定的，如果宋江始终不失最初二人交往的热情，那阎婆惜还可能老老实实尽一个报恩者的本份。现在既然这个人不那么稀罕自己老老实实的报恩，她为什么还要吊死在这一棵树上呢？

幸乎不幸乎，阎婆惜遇到了张文远，她开始了新的抉择。可是张文远就真的会给她带来需要的幸福吗？

张文远也不会给阎婆惜更好的命运

与宋江相比，张文远的优势是显而易见的。论地位，张文远和宋江一样，都是县衙里的押司；论容貌，张文远“生得眉清目秀，齿白唇红”；论风流和才情，张文远“平昔只爱去三瓦两舍，飘蓬浮荡，学得一身风流俊俏，更兼品竹调丝，无有不会”。在阅人无数的风尘女子眼中，张文远这样的人物当然是上上之选了。

阎婆惜与张文远，初时可能的确只是一点男欢女爱，不过，随着时间的推移，我们就可以看到，阎婆惜已经不满足于仅仅找到一个风流俊俏的性伴侣了，而是在张文远身上，寄寓了更大的期望。

旧时代男女之间，哪怕夫妇，也是讲究“发乎情止乎礼”的，《水浒》作者更仿佛是天生憎恶女子，所以，我们很难看到书中于男女之情有什么动人的文字，可是现在于阎婆惜苦候张文远一节中却看到了：

“那阎婆惜倒在床上，对着盏孤灯，正在没可寻思处，只等这小张三来。听得娘叫道：‘你的心爱的三郎在这里。’那婆娘只道是张三郎，慌忙起来，把手掠一掠云髻，口里喃喃的骂道：‘这短命，等得我苦也！老娘先打两个耳刮子着！’飞也似跑下楼来。就格子眼里张时，堂前玻璃灯却明亮，照见是宋江，那婆娘复翻身转又上楼去，依前倒在床上。”

尽管作者的初衷是暴阎婆惜之丑，金圣叹也对这一段短短的文字接连批了五个“丑”字，但在对人性、人情有了更深理解的今人看来，这里只有情爱之美，是人之天性的自然流露，何丑之有？不能不发一句感叹：阎婆惜这个一直被侮辱和被损害的风尘女子，一旦动了真情，原来也会如此执著和痴迷！

对张文远动了真情的阎婆惜，已经在重新计划她的人生，只是一直没有等到合适的机遇，而宋江不慎遗留的梁山书信，却一下子把机遇推到了这个女人的面前。所以，她借这封书信向宋江要挟，所提的第一个条件就是“从今日便将原典我的文书来还我，再与一纸，任从我改嫁张三”。她后面的两个条件也都与她“要和张三两个做夫妻”的计划紧密相关：不许宋江讨回她穿的、住的、用的，向宋江要梁山许诺给宋江的一百两金子，无一不是为了日后的生活。

不知道阎婆惜的计划是否透露给了张文远，更不知道当张文远得知情人这一计划时曾有怎样的回应，但可以肯定的是，与宋江相比，这个张文远也绝不会给阎婆惜带来更好的命运。

阎婆惜对张文远的情义，书中历历如绘，而反过来张文远对阎婆惜的情义，我们却只有付诸想象了。像张文远这种久在红粉中厮混的人，要他在阎婆惜面前表演出一点山盟海誓般的情义，博佳人一笑大概是不难的。可阎婆惜一死，就把这种情义的伪装撕得干干净净了。面对杀了情人的宋江，张文远虽然也曾鼓动阎婆追查，不过两句话终究泄露了天机，“况且婆娘已死了”，“这张三又没了粉头，不来做甚冤家。”如果说风尘女子还可能残存一点浪漫主义，那么像张三这样轻薄无行的风流浪子，就是一个标准的现实主义者。他当初图的不过是阎婆惜的美色，一旦玉殒香消，也许难免追念几回，但占据他脑海的只能是那可以供自己玩弄的身体，要他仅仅为这样一个自己玩弄过、现已殒命的女子，而不顾现实的利益受损，那不是与虎谋皮吗？

阎婆惜一心要冲破宋江设下的牢笼，投奔张文远，乃至为这个重大抉择付出了生命的代价。显然，她作出这个抉择时，是对未来有着很好的憧憬的。然而透过在其身后张文远的反应，我们可以看出，即使阎婆惜的愿望得遂，这个风流俊俏的张三郎也不会带来她想要的东西。无论是面对宋江，还是张文远，还是别的什么人，阎婆惜被侮辱和被损害的命运不会有什么本质上的改变。

可能有人会不理解阅人无数的阎婆惜，怎么还会看不破张文远？是啊，谁能明白呢。硬要追问答案，也许只有感叹一句：爱情，往往使人盲目。

一边惩恶，一边帮凶

我一直犹豫着要不要写这样一篇关于武松的文字，因为武二郎虽然只是一个文学形象，却早已在普罗大众心目中定格，是勇敢、正义的化身，承载着弱者的理想，就连眼光超卓的张恨水先生也说："真能读武松传者，决不止惊其事，亦决不止惊其才，只觉是一片血诚，一片天真，一片大义。"但我要说，就是这样一个英雄人物，他的确常常会不惜赴汤蹈火地去抑制凶暴，然而如果我辈小老百姓不给予适度的警惕，只是一味沉醉于那种惩恶的暴力美学中，英雄也是极有可能伤及我们自身的。关于这一点，我在本书后面还要特别提醒大家注意被武松、张青们蔑视，又被无数读者所轻忽的"十字坡上的冤魂"，这里且谈"武松醉打蒋门神"。

《水浒》里有关武松的章节中，"醉打蒋门神"是一出大戏。武松铁拳到处，一个恶势力的代表人物轰然倒下，演绎着水浒英雄"路见不平一声吼，该出手时就出手"的主题，端的大快人心。

然而武二郎在为谁鸣不平？施恩父子也。施恩父子又是何许人？书中说得明白，施恩他爹乃孟州城监狱的管营，这位管营老爷品性如何呢？武松作为犯人最初解到时，因为没有呈上“孝敬”，管营大人差点照常规赏给武松一顿“杀威棒”，好歹在旁边的施恩另有打算，才免却皮肉之苦。这样看来，施恩的老子其实和当时多数墨吏一样，有钱好办事，无钱就会找人晦气。至于施恩本人，他自己也交待得极为清楚，他在孟州城开的那家后来引出无数风波的快活林酒店并非寻常，据其对武松介绍：“山东、河北客商们，都来那里做买卖，有百十处大客店，三二处赌坊、兑坊”，显然是孟州城里做生意的黄金地段，要占得这样一块地盘，没有相当的人脉和势力是不可能的。做生意就做生意吧，可施恩的生意并非仅仅是简单的“低价进高价出”以赚取利润，“但有过路妓女之人，到那里来时，先要来参见小弟，然后许他去趁食。那许多去处，每朝每日，都有闲钱，月终也有三二百两银子寻觅，如此赚钱。”按说你不过是一家酒店，赚钱之法应该是在菜的质量、品种和优质服务上下功夫，怎么又和皮肉生意挂上钩了？而且还不是食、色共营，不用为性交易提供场地和服务，只是坐地收钱，这是一种什么样的生意呢？不必多费脑儿就知道，这就是今之所谓收取保护费！在快活林酒店那一块地盘上讨生活的人们，无论是做正经生意的，还是妓女，只要对施恩恭敬，每月按时上交“彩头”，施恩就能保证你的生意平平稳稳地做下去，没人找你的茬子。这个不过“二十四五年纪，白净面皮”的小伙子，居然能够如此轻松赚钱，其本钱是什么？第一当然是靠他老子的权势和地位，虽然管营算不上什么官，可到底是衙门里说得上话的人，在一个小城里，照拂快活林酒店那一块地盘还是绰绰有余的；第二，施恩虽然本事稀疏，毕竟曾“学得些小枪棒在手”，哪怕花拳绣腿，对付良民声势也足够骇人了；第三，施恩非常善于利用一切资源。书中写道，他的酒店之所以独霸孟

州，还靠他老子管的八九十个囚徒护场子，这些人既沦为施恩他爹砧板上的肉，能够为管营的公子效力已经是恩惠了，哪儿会有不竭诚卖命的道理呢？可是“如此赚钱”的勾当却活生生被蒋门神夺了。蒋门神又有多少本钱，为何偏偏压过施恩一头？无他，拳头更大，“有一身好本事，使得好枪棒”，一场单挑下来，“施恩吃那厮一顿拳脚打了”，更重要的是这蒋门神的后台更硬，背后站着张团练。当此之际，即使是那为施恩护场子的八九十个囚徒，恐怕也知道风向了吧？就这样，快活林酒店换了主人。这样一个产权的转变过程，严格说来受影响的只是施恩和蒋门神这两个当事人，金钱上的一进一出关系委实非浅，可对原来就靠交保护费以求平安的生意人来说，并无实质性影响。对他们来说，其意义只是换了个收钱的主儿，每月需要上交的钱从施恩这儿转到了蒋门神那一边。当然如果蒋门神撵走施恩后肆意抬高保护费的价格，那对这些人的影响另当别论，只是书中并未提及这一点，想来哪怕是收保护费，也应该有一个各方默认的规则，即使强横如蒋门神，也知道维持利益相对均衡的安定局面的好处，不会轻易去尝试打破这样一个规则吧？

通过以上分析很容易得出一个结论：说到底，这施恩、蒋门神就是当年孟州城两股“黑社会”。现代法律专家们说，“黑社会性质的组织”有几个特征，“犯罪组织比较稳定，人数较多，有明确的组织者、领导者，骨干成员基本固定；有组织地通过违法犯罪活动或者其他手段获取经济利益，具备一定经济实力；称霸一方，在一定区域或者行业内，形成非法控制或者重大影响”。不妨逐条对照一下。施恩、蒋门神是他们圈子公认的领导者，都拥有一批固定成员，符合第一条；他们不劳而获收取保护费获得经济利益，即使在宋朝也应该属于非法手段，符合第二条；在孟州的酒店行业中，快活林的服务和经营并无特色，却独霸一方，甚至在那一块地盘上，从事别种生意的人都得经快活林的允许才能去“趁食”，这不是“非法控制”？这种影响在一个小城里还不够大吗？符合第三条；……如是观照，“黑社会组织”的基本要素蒋门神、施恩们哪条不具备？既然同属于“黑社会组织”，究其实，施恩和蒋门神争夺快活林就不过是“黑吃黑”。

而武二郎却显然没有看到这一层，或者对此全无兴趣。按说施恩对武松是够推心置腹了，快活林赚钱的秘诀、他的组织的内幕，都已向武松和盘托出，可是武松听完这一番介绍，第一句话却是径问：“那蒋门神还是几颗头，几条臂膊？”看来，施恩虽然说了许多，但武松只对蒋门神“有一身好本事，使得好枪棒”这一句最上心。这一问只是透出他对施恩所讲的蒋门神的武艺不服气，他在想：有这么厉害的人吗？你施恩可曾见识过我打虎英雄的手段？除此以外，快活林酒店易主的过程中，有没有是非曲直，显然并不是他关心的重点。

施恩父子给了武松一些优待，天天好酒好肉，给他戴了几顶诸如“大丈夫”、“义士”、“神人”的高帽，武松便感激涕零了，死心塌地地愿意为施恩父子驱驰，似乎丝毫不知这不过是别人笼络他的手腕。当然作为“黑社会”中的不同个体，施恩与蒋门神可能还有区别，这就是施恩本人相对地比较重哥们儿义气，在武松落难后还会鼎力相助，这没什么奇怪，就像当代也有义气浓厚的“黑社会”老大一样，可这种义气却显然不能改变“武林醉打蒋门神”事件的性质：一边惩恶，一边帮凶。武松铁拳打倒蒋门神，让他交出了快活林，正和蒋门神逼走施恩一样，只于施蒋二人有切身利害，对在快活林周围做生意的各色人等来说并无多少积极意义，甚至还有负面影响。书中说施恩夺回快活林后，“各店里并各赌坊兑坊，加利倍送闲钱来与施恩”，也就是说其他生意人的负担更重了，这也很好理解，施恩“如此赚钱”的“业务”被蒋门神抢占了这么久，他现在哪有不加倍找补回来的道理？施恩当然是要对武松千恩万谢的，但现在那些被加倍盘剥的生意人，也应该去感激武松吗？其实，施恩之所以肯对武松“投资”——这点“投资”对管营的公子来说，真连九牛一毛都谈不上，也不过是看准了投资后的丰厚回报。可笑武松被别人的小恩小惠迷住了眼却不自知，他答应助施恩重夺快活林的当日，居然还振振有辞地说：“凭着我胸中本事，平生只是打天下硬汉，不明道德的人！”喜欢打天下硬汉，这倒真是武松这等豪杰的共性，对方越“硬”越能撩拨起他们的好胜之心，可要夸口说只是打天下不明道德的人，则我们就不知道什么是武松们追求的“道德”了。

一个人糊里糊涂被人当枪使上了，这还不是最可悲的，最可悲的是他对自己的角色全无认识，还自以为是在抱打不平替天行道。我为堂堂武二郎一哭。

王伦的宿命

“白衣秀士”王伦是《水浒》中的一个尴尬人物。论地位，他曾贵为山寨之主，可是却全无立威之术，以致这个寨主之位不过是纸糊的桂冠，吹弹即破，最终枉送了卿卿性命，千百年来还落了个“妒贤嫉能”的恶名，受尽后人耻笑。其实很少有人思索一个问题：如果王伦慷慨收留了晁盖，王伦的命运又会如何呢？

常言说“胜者为王，败者为寇”，如果是“寇”中再进行一番淘汰，败下阵来的恐怕除了将性命给人拱手送上，连落草的机会都没有了吧？没办法，这就是残酷的江湖法则。王伦当然算不得人中之龙，不过好歹梁山泊的事业是他奠定的，后来宋江受招安前夕，对大小头领发布了一个关于梁山泊事业发展的总结性讲话，起首就不能不提到这位久已被好汉们遗忘的王寨主，不得不说“自从王伦开创山寨以来”云云。不知道宋江如是总结，出于一种怎样的心理？其实王伦的遗迹已全部清除殆尽，王伦的旧部杜迁宋万等人既无多少本领，而且也贪图今日享乐，注定不是敢为旧头领说话的人，在为梁山泊作史时，宋江即使全部将王伦抹去，想必也不会有多少麻烦吧？看来到底还是古人淳厚，即使是机变百出的宋江，仍然不敢公然将历史遮蔽。

王伦的才干和能力十分平庸，但这也要看和谁比较，怎样比较了，和宋江吴用等相比自然差了许多，但如果放到讨生活的一般百姓中，和常人相较，毋宁说还有相当优势，试想一下，会有多少人因为考场上落榜就想起去落草造反，还能被杜迁宋万等一干莽汉拥戴为头领？也就是说，如果把王伦放到一群普通人中，比如和我等凡夫俗子一起在生活中竞争，一定会有胜无败，不幸的是，现在要和他竞争的不是我等庸才，而是一群非凡之辈。才干差点，勇力弱点，也未必就一定是失败者，幸乎不幸乎，王伦的心术还没有“坏到家”。作为一寨之主，面对一群过江猛龙，他的疑忌应该说还是缘于一个人自保的本能，而批判人的一种本能是没有道理的。更何况，从后来事实的发展看，王寨主的疑忌充满了先见之明呢？真正值得王伦在九泉下“检讨”的，不是他不该疑忌过江猛龙，而是在疑忌心理的驱使下，却采取了毫无效果乃至适得其反的举措。从《水浒》中可以看出，面对晁盖等人的入伙请求，王伦固然有自己不能不打的小算盘，害怕这些人抢了自己的宝座，必欲排挤之，可是从头到尾，他都只会用些小孩子过家家式的办法，诸如给人脸色看啦，故意为难别人一下啦，这都只是平民小户不欢迎客人的方式，满心指望不速之客们会看主人脸色，识趣一点，趁早辞行了事，可是晁盖等人哪里会是一般的客人呢？王伦所能想到的最厉害的招数也只是希望破财送神，应该说，这已经达到了普通人思维的局限，很少会有主人因为不欢迎客人，为了打发客人滚蛋，还会想到去贿赂客人的。可是问题在于这终究只是凡人的思维方式，而晁盖他们明摆着不是凡人。我常常奇怪，王伦虽是一白面书生，但在江湖行走已久，他难道不知江湖

险恶，不知弱肉强食的江湖法则？为维护一己之权位，他难道从来就没有想过要用阴毒的方法，对威胁自己地位和利益的人一个“彻底解决”？须知林冲、晁盖等人固然勇武过人，但毕竟人少势单，强龙难压地头蛇，且初来乍到立足未稳，局势还全然在王寨主的控制之下，这个时候，他只要稍稍动动歪脑筋，甚至也许只是接风宴席间一杯酒的事，结局都将判然有别。对于一个老江湖来说，这些都不过是雕虫小技，王伦焉能不知，可是他最终摒此而不为，究竟顾忌什么？江湖的名声？还是对英雄多多少少存有一种怜惜之意？这已经是一个谜了。

反观另一个阵营，却是全然不同的路数。晁盖等人到梁山的第一个晚上，王伦设宴洗尘，当夜吴用就定下了“教他本寨自相火并”的计策，并如愿以偿引诱林冲堕入计中，当此之时，晁盖等一干豪杰中并无一人对此表示异议，也没有人担心会因此而落下江湖骂名，相反个个欢喜莫名跃跃欲试，并各自为火并做了精心的准备。到了林冲和王伦正面交锋的时候，吴用等人无一言无一行不是刺激林冲当机立断痛下杀手，可怜的王寨主终于在林冲“量你是个落弟穷儒，胸中又没文学”的斥骂声中倒下了。吴用虽号称“智多星”，其实诱使血性林冲火并之计并不高明，但他们毕竟是成功者。

晁盖吴用成功了，为了达到这种成功，王伦是否必须死？在梁山泊的这一场“革命”中，或许动用暴力是一种必然，但暴力肆虐到何种程度完全可以因人而异。依据情理判断，只要稍稍使用暴力，稍稍显露手段，就会让王伦这个手无缚鸡之力的落弟秀才吓破胆，也就是说，晁盖夺位也许真是顺应了“天命”，也许真对“革命”事业有利，但这个寨主宝座是否坐稳，与王伦是否要流血并无必然联系，不一定非得让旧头领王伦付出生命的代价，晁盖本来是可以在王伦臣服之后和平登位的。以王伦的才具和他在夺位过程中的表现，尤其是考虑他非常脆弱的“群众基础”，晁盖入主梁山，即使给旧头领王伦一席之地，让他吃好喝好，养着他，他也不会给新寨主带来任何实质性威胁，充其量也只是躲在梁山一角，吟几首小有牢骚的歪诗罢了，可那不是以尚武为风的梁山一道颇有趣味的风景，可以让众好汉寻寻乐子吗？

新旧政权的替换中，不一定非得流血和死人，虽然在中国历史上，在绝大多数时候，皇帝宝座的轮换中，伴随着可怕的血腥杀戮，很少有江山的新主会对一个好好活着的旧主不“惦记”、“上心”，但也并非没有特例，宋朝的开国皇帝赵匡胤不就没杀“让位”的后周皇帝，还给了柴氏后裔相当的礼遇吗？你尽可以说这是赵匡胤的虚伪，然而虚伪总比流血要好吧？朝廷、梁山，一朝一野，这两种对比真是意味深长。

王伦并非必须死，而事实是他最终丢了卿卿性命。因为他碰上的不是赵匡胤，而是晁盖和吴用。历来读《水浒》的人都说是小肚鸡肠害了王伦性命，这都是皮相之论。其实在晁盖等人踏上梁山之始，王伦的命运就已经注定了。只有全无城府一派天真的人才会认为，如果王伦肯容纳晁盖等人，他就仍然能够安安稳稳地做他的寨主。试想一下，晁盖等人胆子大手段辣，更兼好身手，这种人岂能长做池中之物？其实在火并之前吴用的一席话已经透露了天机，他对晁盖说这一回定叫晁盖做山寨之主，这就表明这一干人的目的绝非仅仅在梁山栖身，而是早有雄图大略的。至于林冲火并之后，吴用等人虚推林冲做寨主不过是使这出好戏多了层滑稽色彩罢了。

追根溯源，王伦的悲剧不在于他气量狭小容不得人，而在于他本是一落魄秀才，文不得武不得，且脸不厚心不黑，不会使阴辣招数，却偏偏坐在了让那些刀尖上讨生活的人个个垂涎的寨主宝座上。古语说“匹夫无罪，怀璧其罪”，意思是一个无权无势无勇的小老百姓安分守己过日子就很好了，如果居然还藏有一块稀世宝贝，那他的安稳日子是注定长不了的。王伦没错，即使他全没本事还妒才嫉能，这也不是他必须死的理由，因为世上这样的人多了去了。王伦错就错在他是寨主，而且上天没有给他选择对手的权利和机会，偏偏面对的是晁盖和吴用等一干非凡之辈，而王伦偏偏又还要用常规办法去抗衡，所以王伦血溅聚义厅就是一种逻辑的必然了。

当日林冲手提尖刀，怒斥王伦：“量你是个落弟穷儒，胸中又没文学，怎做得山寨之主！”金圣叹在“胸中又没文学”句下批道：“即有文学又奈何？”此批妙绝，江湖哪里是讲文学的地方？

“没面目”扈三娘

读过《水浒》的人都知道，“没面目”是书中一个叫焦挺的好汉的绰号。可我总觉得，这个绰号用在扈三娘身上最为贴切，因为除了最初的“闪亮登场”，后来的扈三娘就是个没有个性、没有风格、面目模糊的机器了。这本来是极不正常的。想那扈三娘，英姿飒爽，原系人人称颂的女英雄是也，怎么会如一朵昙花，刚刚开得那么明艳，衰败却如此之速?

当日梁山兴兵去攻祝家庄，因扈家庄、李家庄、祝家庄三庄联盟，扈三娘曾让梁山好汉颇吃了些苦头。“一丈青单捉王矮虎”那一回书何其生动明快！“王矮虎初见一丈青，恨不得便捉过来，谁想斗过十合之上，看看的手颤脚麻，枪法便都乱了。不是两个性命相扑时，王矮虎却要做光起来。那一丈青是个乖觉的人，心中道：‘这厮无理!’便将两把双刀，直上直下砍将起来。这王矮虎如何敌得过。拨回马却待要走，被一丈青纵马赶上，把右手刀挂了，轻舒粉臂，将王矮虎提脱雕鞍。……”透过这一段快文，通过色狼王矮虎的视角，一个武艺超群、色貌如花、冰雪聪明且未经浊世污染的女英雄呼之欲出矣。《水浒》一书中女性鲜以正面角色出现，唯独英姿飒爽的扈三娘，才让人油然而生爱怜和敬重。

最初亮相的扈三娘给了读者最大的惊喜，但此后却出乎意料地面目极度模糊起来，尤其令人奇怪的是并非没有足够的情节让她一展身手，张扬个性。女英雄的人生转折点在哪里？

从“政治联姻”说起

在联盟互保的扈、祝、李三庄中，应该说以扈家庄的实力最为弱小，能够拿出来作为招牌的就只有一位扈三娘，而其地位却颇为微妙，因为扈三娘已经许配给了祝家庄的第三子祝彪。不知道扈三娘对这场婚姻的态度如何，但从扈三娘在战场上表现出的豪杰气概，反观祝彪在既是同盟者又是父执辈的李应面前的无礼，可以判定，这绝不是一个让扈三娘中意的美满姻缘。最弱的扈家庄，宝贝千金许配给了最强的祝家庄的三公子，这当然是一种自保的本能，是一场典型的“政治联姻”。

但凡是政治联姻，其中定有强势的一方和弱势的一方，谁对联姻抱有更多和更迫切的需求，谁就必须自居下风。在扈家庄和祝家庄的联姻中，虽然是互利关系，但扈家庄明显更需要祝家庄一些，其相对弱势的地位应该是很清楚的。央视筹拍的《水浒》电视剧为了突出表现扈三娘，就特意安排了几个祝彪向扈三娘讨好献殷勤的镜头，实在是没有勘破这场政治婚姻的本质，试问，一个地方豪门的贵公子，哪儿会差几个娇娘美女呢？而正是三庄的这种强弱之分，滋养了祝家庄对其他二庄的轻视，这不仅仅表现在祝彪对李应的骄横上，扈三娘被擒后祝、扈二庄的各自为谋更是一个鲜活例证。

扈三娘的被擒，于扈家庄而言当然是不可承受之重，这其中不仅有血缘亲情，也应该还有利益，因为扈家庄只有扈三娘武艺出众。而对祝家庄来说，尽管扈三娘是自己庄上未过门的媳妇，这种分量却无疑减轻了许多。可以认为，正是基于这样一种现实利害关系的考量，导致了祝扈两庄各自不同的动作。在扈家庄这边，我们看到，是由扈成出面，“牵牛担酒”，偷偷向宋江陪罪输诚。扈成在这样做之前，不会没有一番深思熟虑，深思熟虑之后还要选择这样一种背约而屈辱的方式，显然表明，扈成已经意识到，这是唯一可行的办法，而如果采取另外的举措，比如和祝家庄共议等等，都不会在解救自家妹妹方面取得任何成果。这样一种判断自然是以扈成对祝家父子平日的观察为基础的。如果祝家庄向来尊重扈家庄，以二庄这种联姻的非常关系，在扈三娘失陷以后，扈成选择的绝不会是偷偷去向强人陪罪，而应该是赶快去听听祝家庄的意见，以决定对策。祝家父子也许至死都不会想到，正是自己往日对同盟者的骄慢、不以为意，铸就了联盟的分崩离析和自己灭亡的结局。

对扈三娘来说，这样一场政治联姻是她无法选择的。她也许为此而有轻微的失落感，但平心而论，她不太可能有更多的想法，毕竟祝家庄和祝家的公子，以当日之观念，在婚姻的天平上还是有相当重量的。所以，扈三娘的人生之花仍然还能开得那样灿烂，并在抗击豪强的战斗中盛开到极致。

可惜，极致之美往往只有一次。

不按牌理出牌的对手

宋江攻打祝家庄是扈三娘人生的真正转折点，作为一个庄主的千金，挺身与豪强相抗，你说她意在维护地主阶级利益也好，旨在保境安民也罢，都无法否认这种抵抗的正义性。有抵抗便会有胜败，这本来也极正常，不正常的是她碰上了一群不按规则出牌的对手。

这是一个什么样的对手呢？

祝家父子自有取死之道，而扈家庄的悲剧却太突兀了一点。扈家庄在扈成的那次输诚中，本来已和梁山约定投降，可是当梁山大军攻破祝家庄村寨后，顺路就捞进了扈家庄，偏偏又遇上李逵"杀得手顺，直抢入扈家庄里，把扈太公一门老幼，尽数杀了，不留一个，叫小喽罗牵了有的马匹，把庄里一应有的财赋，捎搭有四五十驮，将庄院门一把火烧了"！古语不就说"杀降不祥"吗，何况扈家还是最后决战中的内应？……质问是没有用的，因为别人只是"杀得手顺"！

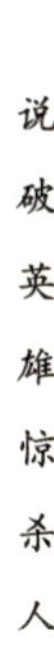

家中一门老幼皆死于非命，这于一个妙龄少女，是何等惨痛的人生悲剧！也许我们这里还应为扈三娘庆幸，幸好她被擒后就被宋江差人连夜送上梁山泊去，交给了那宋太公"收管"（好一个"收管"!），没有亲见这样的家族惨剧！

如果说"杀降"对梁山泊来说，还不是什么了不得的事，那么在把别人一家杀净之后，紧接着为其提亲，就更显其"不按牌理出牌"之绝技了。然而以我们对宋江的了解，这可能犹在意料之中，我们最感惊异的，是扈三娘在"不按牌理出牌"的对手面前，表现出来的非同寻常的态度。书中说的明白：梁山踏平三庄后，大摆庆功宴，"女头领扈三娘、顾大嫂，同乐大娘子，……在后堂饮酒"。在这个时候，即使资讯传递得太慢，家族的不幸消息也断然传到了扈三娘的耳朵吧？这个未经多少人生变故的女孩子遭逢这么大的劫难，还会"在后堂饮酒"？自然，强人环伺，形格势禁，身怀家仇的人无法表达自己的愤怒可以理解，但她怎么也不会在所谓庆功宴上痛饮庆功酒吧，何况这庆功酒中分明激荡着她家族的血海深仇？更奇怪的文字还在后头。次日，宋江在聚义厅上为王矮虎提亲，“今朝是个良辰吉日，贤妹与王英结为夫妇”，“一丈青见宋江义气深重，推却不得，两口儿只得拜谢了。晁盖等众人皆喜，都称颂宋公明真乃有德有义之士”。宋江当初在清风寨坏了王矮虎的好事，正好借“贤妹”做个人情笼络人心，这当然不是什么“义气深重”，扈三娘此际也委实“推却不得”，但这种热闹喜庆的场面紧接在一场血腥的屠杀之后，仅“推却不得”等寥寥数语是否太草率了一点？刚刚失去所有亲人的女英雄在这种狂欢中又扮演着怎样的角色？现在，像宋江这样受天下好汉拥戴的人收自己为干妹妹，自己又有了一个像宋太公这样的“义父”，仿佛又有了天伦之乐，然而这是怎样的“亲人”怎样的天伦之乐啊……面对在这么短的时间里发生的一切，一个小女孩子是怎样适应过来的呢？我想，世界上再伟大的演员，也绝不可能做到像扈三娘这样，能够如此平静地面对如此惨烈的人生！《水浒》电视剧似乎为了说服对这场婚姻难以理解的观众，平白加了一场洞房对打的戏，打着打着就没声息了，这是表明王矮虎最终以实力征服了扈三娘？但这可能吗？如果不可能，那么意在说明扈三娘最终服从了情欲的支配？这种轻薄对扈三娘而言，难道不是另一种残忍吗？

政治联姻中的祝彪不会是扈三娘心目中的佳偶，而现在王矮虎这个好色的手下败将呢？一个色艺俱佳未经人世的女孩，突然遭逢家族大难，又突然被强配给一个人品、武艺俱劣的男人，她心中究竟泛起了怎样的波澜？《水浒》没有告诉我们分毫。我们只是在后面的章节中看到她偶尔和夫君一起上阵厮杀，没有任何让人惊喜的亮点。倒是宋江征田虎一役中有一幕马战颇堪玩味：对方阵营中女将琼英出战，“矮脚虎王英看见是个美貌女子，骤马出阵，挺枪飞抢琼英。……王矮虎拴不住意马心猿，枪法都乱了。

琼英想到：‘这厮可恶’觑个破绽，只一戟刺中王英后左腿”。这一幕读者当然是似曾相识的，不知道观战的扈三娘是否还能记起什么，我们只看到“扈三娘看见伤了丈夫，大骂‘贼泼贱小淫妇儿，焉敢无礼！’飞马抢出，来救王英”。扈三娘最后的结局是为给王英报仇，而死在了敌手的“一块镀金铜砖”之下。作者还感叹了一句：可怜能战佳人，到此一场春梦。其实，扈三娘何尝做过什么梦，或者说即使有什么梦，也被她讳莫如深地掩藏了吧？

自扈三娘上梁山，一个英姿飒爽的女英雄就这样淹没在了一个曾造成她家破人亡的大集体之中，她的情感、心理、欲望都无关痛痒，爱与恨、情与义的纠葛也那么无足轻重，于是乎，最初让读者惊喜的扈三娘面目模糊了，我们看到的只是一个以替天行道的名义砍砍杀杀的机器。

秦明：熄灭的“霹雳火”

数十年前，通俗小说大家张恨水先生写过一本名叫《水浒人物论赞》的小书，各个篇章都是用寥寥数百字，臧否水浒人物，一浇自己块磊，文字活泼生动，端的是一本极富趣味的好书。在《秦明》那一章，张恨水开宗明义，辟面就说：“百八人之入《水浒》，冤莫冤于秦明，惨亦莫惨于秦明矣。”初读《水浒》的人想必都会奇怪：一部落草史，一部砍斫书，奇惨奇冤的人多了去了，张恨水先生为什么要说遭遇最冤最惨的是那个“霹雳火”呢？秦明之冤，冤在何处？秦明之惨，又惨在何处？

秦明一出场便性格鲜明。书中说他“因性格急躁，声若雷霆，以此人都唤他做‘霹雳火’秦明。祖是军官出身，使一条狼牙棒，有万夫不当之勇”，当他刚一听说“反了花荣，结连了清风山强盗，时刻清风寨不保”时，立即向上峰请命，“此事如何敢耽误？只今连夜便去点起人马，来日早行”。这里已经刻画出了秦明的三个特征：一是勇武，二是性格急躁，三是对职守之忠诚。这样一个秦明原本是宁愿一死，也不肯上山入伙的，虽说在与强人的争战中失利，被花荣设计擒上山来，但究竟未失好汉本色，没有说出一句苟且之言，即使是面对他素所闻名的宋江的劝诱，仍然口口声声“秦明生是大宋人，死为大宋鬼！朝廷教我做到兵马总管，兼受统制使官职，又不曾亏了秦明，我如何肯做强人，背反朝廷？你们众位要杀时，便杀了我！”可惜的是他究竟只是一个急躁无谋的武夫，只会以平常人的心思和智慧面对他的对手，惑于觥筹交错、称兄道弟的江湖义气，居然会在自己公然拒绝落草后，还和对方轮番把盏，甚至“开怀吃得醉了，扶入帐房睡了”！从这个“开怀”的描述中，可以看出，秦明是完全失去了应有的戒备心理的。结果就在那一夜沉睡中，别人“借用”他的头盔、战马、兵器，扮成秦明的模样，以他的名义把青州城外“旧有数百人家”变成了“一片瓦砾场”，被“杀死的男子妇人不计其数！”这个残酷的夜晚决定了很多人的命运，除了随后不得不到山林中谋一栖身之处的秦明，青州城外“不计其数”的“男子妇人”糊里糊涂丢了性命外，还有秦明的家小，颟顸的官府没有做任何调查取证工作，便简单地认定秦明造反，将其家小尽皆杀了，秦明妻子的首级被军士用枪挑着示众！这一切不过为了一个目的，用宋江的话说，意在绝了秦明“归路的念头”，“不恁地时，兄长如何肯死心塌地？”

幼时读《水浒》，常有一些想不通透的地方，其中之一是，宋江等人对人才的罗致为什么会如此不惜血本不怕麻烦？而实际上其中许多人物不过略具一技之长而已，添上一个固然不错，少他一个也未必会于大局有多大的损失。儿时幼稚，总以为宋江等人真的爱惜人才。现在想来大谬不然。为什么会不惜血本不怕麻烦？其原因唯在于，这血本和麻烦在宋江等人眼里根本无足轻重，为求得一个他们想要的人，所需要付出的各种代价都不必他们自己去偿付。在这种状况和心态之下，于是，一幕幕“求贤”的悲剧上演了。而在这些剧目中，逼使秦明入伙是最残忍的一幕，它让人惊叹，“求贤若渴”这样一个绝好的词语，居然也会突然变得狰狞起来！

在《水浒》中，和秦明遭遇相似的还有朱仝。因为李逵摔死了四岁的小衙内，负有照管之责的朱仝也不得不上山入伙。但两件相似的事件中，也有很大的区别，除了秦明付出的代价更大，无辜殒命者更多，整个事件更为血腥以外，还因为两个主角不同的表现。朱仝痛恨李逵手段之毒辣，当着群豪的面也要一再和李逵拼命，而因性格急躁、声若雷霆被人称为“霹雳火”的秦明，在如此创巨痛深的人生大变故之下，怎么反倒寂无声息？《水浒》描摹秦明，多次用“怒挺胸脯”“怒不可当”“怒得脑门都粉碎了”等语形容其性烈如火，可是等到宋江和盘托出毒计时，秦明“见说了，怒气攒心，欲待要和宋江等厮并，却又自仁里寻思”，寻思什么呢？《水浒》作者给秦明安排了三条隐忍的理由，什么“上界星辰契合”“他们以礼相待”“怕斗他们不过”等等，在旁观者看来都是相当牵强的，但就是在这三条十分牵强的理由面前，秦明很快软化了态度，“你们弟兄虽是好意”云云。这哪里是先前那个勇武、急躁、忠诚的“霹雳火”应有的表现？如此违反常情常理，违背秦明的人物性格，这究竟是为什么？

《水浒》作者的笔墨当然是很高超的，不过也有很多前后失去照应之处。比如让林冲家破人亡的是高俅，以林冲的磊落性格，这种刻骨的仇恨应该是至死方休，可是在高俅被擒上梁山时，我们却没有看到林冲那“仇人相见分外眼红”的一幕，《水浒》作者似乎忘了，即使有宋江谆谆教诲的“政治大义”，这种灭妻破家之恨在一个血性男儿的心中都是不可能被浇灭的。这无疑应是作者的一个疏忽。难怪今人筹拍《水浒》电视剧，要让林冲面对高俅因为有仇难报，结果只能气急而死了。那么现在秦明和林冲同样遭逢家破人亡，生性急躁的秦明却被作者安排为做小伏低，一点儿也没犯“急躁病”，这是否也是作者的一个不应有的疏漏呢？

秦明的人生大结局也是和他的绰号很不相类的，一点儿也不轰轰烈烈：在宋江大军征讨方腊时，秦明和对方将领方杰进行马战，对方阵营中偷发一把飞刀，“秦明急躲飞刀时，却被方杰一方天戟耸下马去，死于非命。”书中对秦明之死感叹了一句：可怜霹雳火，灭地竟无声。其实秦明哪只是死的时候“无声”呢？这个人称“霹雳火”的急性子早就鲜有声息了。从他上山入伙始，至征方腊阵亡止，我们看不到这个原本性烈如火，又经历了人生奇冤奇惨之事的男人有丝毫的心理波动。“霹雳火”为什么熄灭了？也许各人自有各人的看法，也许这的确是作者描写上的疏漏，不过也有可能背后透出了更多意味深长的消息，只是作者故意留下一点破绽，让人去努力勘破罢了。

当日，秦明无奈避上山来，念念不忘“断送了我妻小一家人口”，这自然是一个正常人本能的表现。这出“求贤”戏的主角，一向礼贤下士，努力让各路豪杰都有面子得实惠的宋江说出了一番抚慰的话，真是字字惊心！书中写道，宋江安慰饱受丧家之痛的秦明说：“若是没了嫂嫂夫人，花知寨自说有一令妹，甚是贤慧，他情愿赔出，立办妆奁，与总管为室如何？”这是宋江们的逻辑：不就是没了老婆吗？赔你一个就是了，两清，而且还“甚是贤惠”连带送上妆奁呢，能不是一笔合算的买卖吗？他当然不会认为“霹雳火”有爆发的理由，也许他压根儿就不认为老婆在一个男人心目中会有多大的位置。我辈面对这番抚慰的话固然感到惊心动魄，当事人秦明呢？书中说“秦明见众人如此相敬相爱，方才放心归顺”。这样一种“相敬相爱”当然为我等庸人所无法理解和承受，秦明却仿佛相当受用。这不正常，对这种“相敬相爱”感到受用的只能是

宋江一流人，而不应该是原本那个勇武、急躁、忠诚的秦明。“霹雳火”为什么会突然熄灭？在我看来，“霹雳火”的这种异乎寻常的突然熄灭更像是缘于内心的恐惧。为了赚自己上山，不惜赔上无数无辜者的性命，这是怎样的妙计啊；为了让自己不记挂无端殒命的老婆，很快就会张罗一个，作“抵账”之用，这是怎样的逻辑啊。正是那让秦明家破人亡的“妙计”和常人无法理解的逻辑，使他更深刻地认识了自己和对手，他从此知道，在这样一些能随心所欲运用如此阴毒招术，而且具备非常人思维的对手面前，自己除了俯首帖耳任其驱驰，不能再有其他的选择了。如果他有任何的异动，哪怕只是思想异动，他都注定是一个失败者，而且注定逃不出他们的手掌。

于是，“霹雳火”熄灭了。他把自己的痛和恨深深地掩藏了起来，直至“灭地竟无声”。“霹雳火”秦明是梁山泊最成功的“忍者”，他的忍耐的功夫已经达到了极限，只是这背后有太多的血和泪。

从晁盖看“反骨”

“反骨”这东西，最经典的表现是在《三国演义》里，据说蜀国大将魏延脑后就有“反骨”，唯诸葛亮能识，所以他始终要抑制魏延，并算定长有“反骨”的魏延在其身后必反，而诸葛亮一死，魏延果然造反，也果然被诸葛亮生前安排的妙计收伏了。

怎样鉴定“反骨”呢？可惜史书上没有传下来孔明先生的方法。而据我看，识破魏延“反骨”和诸葛亮借东风一样，后人都是把孔明根据客观对象、环境、条件而精密观察得来的结论给神化了。世上未必真有“反骨”，诸葛亮之所以预料魏延在他死后必反，那是建立在他对魏延平素的认真考察基础之上的。就因为魏延平日骄横跋扈，不安本职，只不过惮于诸葛亮的威名，在他生前还有所克制罢了。那么一旦诸葛亮不在人世呢？所以，他认定魏延在自己身后必反，而为了自秘其术，于是又托出了“反骨”这个玄妙莫测的东西。

如果运用诸葛亮判断魏延的方法，来看梁山群雄，其中可有长着“反骨”的人物？有的，第一个就是晁盖。

晁盖的身份本来是“东溪村的保正”。何谓“保正”？这是王安石变法，在农村创立的“保甲”制度的产物，在一个村子里选出一个保正，负责当地的治安，传达官府的号令，并向上通报民情。按照这种制度设计，“保正”实为大宋朝官与民之枢纽。可是晁保正平日做些什么呢？书中说得明白，“专爱结识天下好汉，但有人来投奔他的，不论好歹，便留在庄上住；若要去时，又将银两赍助他起身。最爱刺枪使棒，亦自身强力壮，不娶妻室，终日只是打熬筋骨”。喜欢舞枪弄棒、结识好汉倒也没有什么，可是为什么会“不论好歹”呢？一个受官方指令，负责地方治安的保正，专爱结识好汉，而且不论好歹，其用心不令人生疑吗？

如果当时在晁盖身边就有诸葛亮一流人物，我想他必然会从晁盖的平日举止上得出一个判断：这位晁保正大不寻常，是个长有反骨的人物！即使现在反迹未露，也要细加提防。可惜当日晁盖身边没有诸葛亮似的一双眼睛，终于成就了晁盖“智劫生辰纲”、梁山聚义等一番惊天动地的事业。

“反骨”质疑“革命”的合理性

晁盖领着一干人劫取了生辰纲，后来又杀奔梁山，打家劫舍，过起了大块吃肉大碗喝酒的快活日子。对晁盖的这些行动，向来有三种视角，一种是代表当时主流价值取向的，俯视的角度，称之为“犯上作乱”；一种是相对中立的，平视的角度，称为“造反”“民变”，或者“暴乱”；另一种是后人将历史理想化的产物，因为理想化，所以是一种仰视的角度，尊称为“起义”，或者“革命”。

在“革命”话语喧嚣一时的时候，晁盖“革命领袖”的形象是越来越高大了。只是，晁盖的“反骨”已经在质疑“革命”的合理性了。

但凡建立一种统治，要讲究合法性，起而推翻之，也应该有一定的合理性。一般说来，“革命”的合理性建立在以下方面，要么是原来统治的不人道已经让人无法生存下去，要么是一种新的理论形态，给人指出了一个美丽的前景。

晁盖是个粗人，他似乎并未想到要劳神费力去寻找什么“革命”的合理性。面对生辰纲的诱惑，他说服自己的只是一个朴素的理由：不义之财，取之何碍！但如果要把他推上“革命领袖”的宝座，则必须找出一些他舍保正而不为，转而从事“革命”事业的合理性。在我看来，这种寻找是非常困难的。因为晁盖在劫取生辰纲前，他不仅没有遇到任何来自主流势力的威胁和凌逼，主流势力而且还要格外倚重他，让他做一村的保正，充当“官”和“民”的中介；他的生活也是豪奢的，排场极大，“山东河北一带私商都投奔与他”；他在社会上的人脉也极深厚，各个方面的人士都有交接，“天下义士好汉”喜欢投靠他，负责地方刑事侦察工作的两位都头朱仝、雷横也和他称兄道弟，堪称八面玲珑左右逢源。他对大宋朝还会有什么不满呢？如果说他萌发“革命”动机，并不是因为自己的遭遇，而是对身边贫富悬殊善恶颠倒的社会现实不满，那么我们为什么只看到晁盖周济江湖好汉，却从不见他照顾身边的孤苦寒士？

一个负有维护地方治安之责的保正，“专爱结识天下好汉”，已自可疑；“不论好歹，便留在庄上住”，此人之不守本分，岂不是昭然若揭？他要造反或曰“革命”，端只看社会是否给了他足够的机会，哪里还需要什么合理性？所以，一旦生辰纲浮出水面，他就会立即谋而夺之，虽然他本人并不差这点银子花，而他抢银子也并不是为了去周济穷人。说到底，支撑他采取这种为主流价值所不容的行动的，只是他那种不安分的本能。

像晁盖这样的人，只要社会出现一丝缝隙，让他感到可以大施身手，他就会耐不住寂寞。这跟当时他所处的社会是否有序常常并无必然联系。社会有序他“反”，社会失序他更要“反”，加一个“反骨”的谥号，不是很恰当吗？

“反骨”对社会的破坏性

如果用考察晁盖的视角看水浒英雄，长有“反骨”，社会有序他反，社会失序他更要反的人其实还不乏其人。显赫的如吴用，更等而下之的还有张横张顺、穆春穆弘兄弟。

与那种“官逼民反”范式比较，像晁盖这一类人的造反，哪一种对社会的危害性更大呢？显然是后者。在“官逼民反”的范式下，虽然也会给国家和民众带来巨大的震荡，但一个有良知的人却不能因为这种代价，就彻底否定底层民众反抗暴政恶法的权利。更重要的是，就因为“民反”是“官逼”的结果，常常不得不迫使人们依照这种线索去寻找解决问题的路径，这也是在“官逼民反”范式下，在一次次巨大的震荡之后，社会关系往往能够得到调适，生产力还能够进一步发展的根本原因。前辈史学家总结说，有一种“让步政策”，应该是颇有道理的。

可是天生长有“反骨”的人造反，却就大不一样了。因为这一类人社会有序可能反，社会失序更可能反，他要寻找和等待的只是一个机会而已，所以旁观者很难从他们的起事中找出社会究竟存在哪些问题。而如果不幸他们等来的机会偏偏在一个有着良好秩序的社会里，那对底层民众来说，就更不是福音了，因为这样的秩序，在中国历史上本来并不是非常富足的。还有一点，晁盖这一类人的造反还可能诱导人心风俗向极坏的一面发展。中国历史上揭竿而起的虽然不少，而以中国老百姓的淳朴，不到万不得已，是不会走上这条道路的，造反对他们来说真是最为无奈的一种选择，而晁盖的行动却明显在向他们暗示：打破主流价值和秩序，并不一定非得要有什么理由。这样一来，一个正常有序的社会还怎样维持下去呢？不妨打一个比方，同样劫取生辰纲，如果一个主角是在官府豪强欺压之下，陷于饥寒交迫、命不保夕的人，另一个主角则是像晁盖这样在社会上呼风唤雨的人，虽同为劫夺，其对人心风俗的影响肯定是不一样的。前者很可能会唤起一个正常人的悲悯和同情，而后者则只会撩起人们对世间财富的觑觎之心：晁盖这样的人都还要想方设法大发横财，我为什么不可以呢？

长有“反骨”的人终于等到了大显身手的机会，可惜这于社会中的多数分子来说，都并不是一件值得庆幸的事。这种人只有破坏性而绝不可能有什么建设性，硬要派定他们“替天行道”只能是历史的误会和历史家的误读而已。

晁盖与宋江

晁盖，宋江，一个老天王，一个新天王。在用政治眼镜读《水浒》的年代，前者被奉为“革命路线”的领导者，后者则是“投降路线”的带头人，于是，如果要说晁盖与宋江之间有着某种不协调，就是因为存在着路线的斗争；自从宋江上了梁山，就一直在精心预谋，有计划有步骤地去篡夺晁盖的领导权。

用美学术语说，这种解读当然是一种“过度阐释”，也许有一定的合理性，但明显越过了文本。就《水浒》文本而言，在梁山的晁盖时代，在晁盖身亡之前，宋江从来就没有透露过他的接受招安的念头，“路线斗争”从何说起？

不过，如果有一定的阅读敏感，就不得不承认，在晁盖、宋江这两代天王之间，的确有一种非常微妙的东西。

美国人写过一部《领袖论》，那是讨论市井社会的，中国的江湖组织中，什么样的人配当领袖，领袖应当具有怎样的素质，不同领袖之间的相处之道如何等等，讨论者似乎还不多。且让我们试着从晁盖、宋江开始吧。

晁盖、宋江关系考

考察晁盖与宋江的关系，应该分为两个阶段。第一阶段，是在宋江上梁山前，第二阶段，是在宋江上梁山后。

在第一阶段，晁、宋二人可以说是互相仰慕和敬重，所以，晁盖等人做下劫取生辰纲的惊天大案，宋江哪怕担着“血海般关系”，也要走告于他，助其逃出罗网。这样一来，晁盖就自然把宋江视为自己的救命恩人。如何报答这样的再生之德？在宋江上梁山之前，晁盖关于宋江的所有行动，都是首先把这一层考虑进去的。

宋江与晁盖，一方有救命之恩，一方竭力感戴，看上去，二人出发点都是一个“义”字，认真探究还有细微之差别。宋江之救晁盖，在水浒故事开展之初不会觉得奇怪，只会让人觉得这宋三郎堪称义薄云天，但如果通读全书，则定会困惑：宋江口口声声要忠于圣上报效朝廷，后来即使知道别人送来的是毒酒，也不准备反抗，真是愚忠到家了，这样一个人物，当初明明知道晁盖犯下的是为朝廷不容的弥天大罪，为什么却还会冒着那么大的风险去救晁盖？决定这一切的难道仅仅是江湖义气吗？我同意王学泰先生在《中国流民》（香港中华书局1992年版）对这一情节的细致分析。王先生认为，宋江救晁盖有纯洁的义气的因素，但也还有其他考量，即宋江把救晁盖视为他的一笔“义气投资”，他是指望回报的。后来我们果然看到宋江行走江湖时，数次以此为标榜，动辄“晁盖是我们的心腹兄弟”云云，在刺配江州的路上，宋江更是把“救晁盖一节备细”说给与他邂逅相逢的每一个好汉，既是在夸耀自己的“义”，同时也有显示自己与“江湖老大”关系很铁的考虑，而这两层作用，对一个在江湖行走的人来说，都是有极大好处的。

相对而言，晁盖的感恩则单纯多了。晁盖等人经过林冲火并和与官军一场厮杀，刚刚在梁山安下身来，可以说原是一个百废待举的局面，晁盖首先想到的却是宋江的恩德，“俺们弟兄七人的性命，皆出于宋押司、朱都头两个。古人道，‘知恩不报，非为人也！’今日富贵安乐，从何而来？早晚将些金银，可使人亲到郓城县走一遭，此是第一件要紧的事务”。最后在吴用的提醒下，才想到大敌当前，应该先商量屯粮、造船、制办机器，计议如何迎击官军。从这一节描写，固然显示了晁盖谋略之短，但也可以看出，宋江救命之恩一直横亘于他的心头。后来宋江失陷江州，晁盖更是以梁山最高领导人身份，亲自披挂上阵，劫走了宋江，其中很难说有什么功利考量，完全是一片纯粹的感恩之情。

在晁盖与宋江关系发展的第二阶段，宋江已坐上梁山第二把交椅，和第一头领晁盖、第三头领吴用构成了梁山领导班子的“三驾马车”。作为二把手的宋江，发布的第一道命令是颇值得揣摩的。晁盖、宋江二人刚刚经过一番相互推让，坐好了一、二把手的位置，宋江便对众头领道：“休分功劳高下，梁山泊一行旧头领，去左边主位上坐，新到头领，去右边客位上坐。待日后出力多寡，那时另行定夺”。在熟悉市井社会官场法则的人看来，宋江作为刚刚上任的二把手，在一把手坐镇且未发言的情况下，实在不宜发布这样一道指示。你要众弟兄“休分功劳高下”，如果第一头领偏偏原来准备的是让兄弟们分出个功劳高下呢？一个二把手在手下面前这样大包大揽，是否想暗示些什么？宋江明显犯了官场的忌讳，而晁盖却全无反应，接下来，宋江下山去接他爹宋太公，晁盖“放心不下”，急差赤发鬼刘唐等人下山保护宋江。从这里可以看出，晁盖光明磊落多了，在宋江上山之初，他根本就没想到去猜忌自己的救命恩人。

宋江渐渐在梁山扎下根来，他的威信随着几场大仗的胜利也越来越高了。而值得玩味的是，这几场战斗，都是晁盖意欲“亲征”，却都无一例外地被宋江以“哥哥是山寨之主，岂可轻动”为辞软软地挡了回去。一回两回，兀自可用爱惜兄长的理由遮盖，但再三再四，让第一头领脱离战斗，让他不再去与手下生死与共，却有点说不过去。在江湖社会中，谁不知道显示实力和手段是树立威信的最好办法？现在，二把手宋江对一把手晁盖树立威信、增进和兄弟们情义的任何机会，都意欲消灭于萌芽状态中，即使晁盖没有什么心计，也不能不会起疑心吧？虽然书中的晁盖宋江始终是一副“兄弟怡怡”的场面，但相互之间的猜忌还是有很多蛛丝马迹可寻：打曾头市，晁盖坚持亲自出征是其一；晁盖临死前，立下“哪个捉得射死我的，便教他做梁山泊王”的遗嘱，是其二。

如果晁盖不那么早死，在梁山这个江湖组织里，一、二把手的关系会演进到何种地步？我们可以根据一些历史和现实的经验，进行种种丰富的联想，但毕竟这只是想象。史文恭的那一箭来得颇为及时，为梁山解决了一个天大的难题。

晁盖、宋江之比较

比较晁盖和宋江，理应分两层来讲：一是看个人之品性风格；二是看这种个人之品性风格，于梁山这个江湖组织会带来何种影响。

晁盖自小与江湖中人交接，有一股豪侠之气，而宋江学吏出身，久在官场中历练，这也就决定了他们个人品性风格的差异：晁盖较为单纯，难免任侠尚气，谋事不周不远，宋江则心机深沉，好弄权术；晁盖还有一定的观念束缚，宋江则只要认准目标，就敢放手去做，而且无所不用其极。

晁盖之单纯，宋江之奸诈，在宋江初上梁山时，晁盖让位那一节有生动的对比。宋江被晁盖等人救上梁山，晁盖做的第一件事就是“请宋江为山寨之主”。看惯后来宋江动辄要让别人坐第一把交椅的把戏，晁盖的这个动作，似乎也在做秀，其实不然。“当初若不是贤弟担那血海般关系，救得我等七人性命上山，如何有今日之众？你正该山寨之恩主，你不坐谁坐？”晁盖让位时说的这一席话何等恳切！他要让宋江坐第一把交椅，举出来的都是非常过硬的理由，让别人听了都觉得以宋江之功，第一把交椅真该他来坐，而宋江推辞的理由却是“论年齿，兄长也大十岁，宋江若坐了，岂不自羞？”这算什么理由呢？须知江湖社会与市井社会有一个很大的不同，就是根本不注重资历。宋江偏偏只举出晁盖的年龄优势，岂不等于说，除此之外，晁盖要坐第一把交椅，就没有什么值得一提的本钱了吗？

晁盖身上始终有一股豪侠之气，这种豪侠之气的表现有二，一是不愿意去欺凌弱小，二是还有观念束缚，感觉有些事万万做不得，否则就会没面子，让人笑话。所以，在晁盖时代，梁山虽然打家劫舍，但晁盖总要叮嘱不要伤人，江州劫法场，在那样千钧一发的紧急情况之下，面对挥动大斧乱砍滥杀的李逵，“晁盖便挺朴刀，叫道：‘不干百姓事，休只管伤人！’”石秀时迁等人上梁山，晁盖认为像这样偷鸡摸狗的勾当，实为英雄所不当为，差点要他们的脑袋，这也是观念束缚的一种不自觉的反映。宋江则不然，他在笼络人才方面，可以说是有才必录不拘一格。宋江行事是典型的“只求目的不问手段”，在晁盖看来，杀手无寸铁又未与己为难的平民百姓是一件不光彩的事，而宋江只要有所需求，纵是血流成河也在所不惜，计诱秦明落草那一回中，宋江的这一特点表现得淋漓尽致！

相较于晁盖的豪侠气，宋江更多的是一种流氓气。流氓气可能会让一个安分守己的市井之人很不舒服，但对于像梁山这样的江湖组织来说，一个颇富流氓气的领导人，显然更有利于其生存和发展，因为在这样的领导人心目中，只有未想到的，没有不能做的。这一点也为中国历史所证明，最显著的是项羽和刘邦的楚汉之争，连别人烹自己爹都可以满不在乎地说“分我一杯羹吧”，有流氓气的刘邦就这样最终战胜了贵族项羽。

宋江坐镇梁山后，做了两件大事，是晁盖做不了甚至也是想不到的。一是利用天书给兄弟们排座次。这样以神道设教模式威慑群雄的绝妙办法，晁盖绝对想不到。晁盖很可能连排座次本身都持拒斥的态度：大家都是手足兄弟，分个什么尊卑上下呢？但正如我在《梁山泊座次之谜》一文中分析的那样，排座次，使梁山不再是尊卑无序的乱哄哄的局面，是梁山事业发展的必经之路。晁盖即使能够想到要排这么一个座次，他最容易想到的办法也只能是相互比拼一下武艺。然而这种办法看似公平，却极不利于头领操纵，何况其中还颇有一些好汉是很难分出高下的呢？宋江做的第二件事，更是梁山发展史上的里程碑事件：排定座次后，梁山上升起了一面“替天行道”的杏黄旗。不要小看这面旗帜，它表明，梁山已从一群打家劫舍的乌合之众，转变成为有了口号和纲领的强有力的组织，不管这口号和纲领，梁山上有几人当真，在当时的社会环境下，对升斗小民还是很有鼓动性的。而在晁盖时代，梁山只可能满足于大碗吃酒大块吃肉大秤分金银的快乐，不会去寻求建立一套理论和行动纲领，而没有理论和行动纲领的一个江湖组织，即使一时看上去非常强悍，也注定难以持久坚持下去。

对梁山来说，选择宋江做其头领，是一件正确的事。当然，所谓正确，也仅仅是对这个江湖组织自身利益而言罢了。

卢俊义是怎样聪明起来的

在《水浒》的读者中，大概很少有认为卢俊义是个聪明人的吧？

这种感觉没错。不过，常言道“吃一堑长一智”，人总是在不断变化中，何况卢员外的天资本来就不低呢？越往后读，我就越要不自已地赞叹：卢俊义真是越来越聪明了！

原本不笨的卢员外

金圣叹读到卢员外那一章时说，“卢俊义传，也算极力将英雄员外写出来了，然终不免带些呆气。”此种意见堪称代表了众多读者的看法。

想想也是，一个大男人，空有万贯家财和一身武艺，却居然于不知不觉间让管家给自己戴了绿帽子，梁山吴用不过略施小计，即堕入彀中，……

但实事求是地说，这几件事虽然的确很让卢俊义失色，却与他个人的天分没有什么关系。试想他既在北京大名府能够成为“第一等长者”，哪里是光靠棍棒功夫能够奏效的呢？此人平素之八面玲珑、巧与各色人物周旋，从他享有的家财和声誉，就完全可以想象得到。有一个细节很能说明问题：他虽然着了吴用的道儿，真以为有什么血光之灾，要出去暂避一避，但就是在这避祸中间，他还好整以暇，要管家李固“觅十辆太平车子，装十辆山东货物”，顺便做一趟买卖呢。此人之精明老练、长袖善贾不是跃然纸上吗？

探究卢俊义之所以在李固、吴用面前吃了那么大的亏，根本原因不在于他的智商低下，而在于他的骄傲。其实，正是因为他的武艺那么高，生意做得那么好，人脉那么深厚，前半生太过顺利，所以他总是视天下人若无物。除了不可预知的老天，他不相信世界上还有谁能对自己造成什么威胁，自以为真是“人莫予毒”。

一个过于骄傲的人往往听不进逆耳忠言，所以燕青好心救主反倒还会挨打；一个过于骄傲的人会有一种自恋症，常常对自己的判断达到迷信的程度，超出自己判断以外的都难以被他接受，所以李固和卢俊义娘子在员外眼皮底下偷情，可能连一般常人都瞒不了，却偏偏能在卢员外这里轻易遮掩过去；一个过于骄傲的人，还常常低估别人，对迫在眉睫的危险视而不见，所以，吴用不过略施小技，就让这个夸口要“把贼首解上京师请功受赏”的人跌进了陷阱。

骄傲的人往往并不笨，但只有他碰得头破血流的时候，他才会清醒起来，并逐步把智商恢复到起始水平。卢俊义显然就是这样。

栽了跟头之后

卢俊义心雄万夫，不可一世，可惜他错看了自己的对手。

“芦花滩上有扁舟，俊杰黄昏独自游，义到尽头原是命，反躬逃难必无忧”。这是吴用题在卢俊义家里壁上的四句藏头诗，合起首四字就是“卢俊义反”四字。这诗是极劣的，符合吴用三家村学究的身份，藏头诗的勾当也平庸无奇，卢俊义之所以上当，原因正在他的骄傲。我们看他与梁山群雄恶斗，一口一个“毛贼”“草寇”，真是鄙视已极，他根本不会想到，自己很早就已经是别人张弓待捕的猎物。

吴用的诗虽然粗劣，但纵观梁山计诱卢俊义的前后过程，却不能不说，其心计之巧妙深沉，计谋之环环相扣，真是叹为观止。其尤为奇妙的是，梁山捉了卢俊义，为了让这个决心“生为大宋人死为大宋鬼”的人反水，将卢的家人提前释放，却又和最初的“卢俊义反”的反诗相呼应，终于将卢俊义逼到了非上梁山不能存身的绝境。

卢俊义当然不是笨人，可在吴用这样的对手面前，却终嫌略低了一等，何况他起初还那么轻敌骄傲呢？

卢俊义栽了一个大大的跟头，差点断送了性命，等他二度上梁山时，其诚惶诚恐之心情是可以想见的。下棋的人都知道这样一个规律，一个起初看不起任何人的棋手如果突然“脆败”给了某对手，即使按棋力他并不差，即使这只是他第一次失败，其原本绷得满满的自信心也会在那个对手面前完全崩溃，以致一蹶不振。栽了跟头的卢俊义几乎就是这样。我们看他二度上梁山，语气真是谦卑到了极点，什么“救拔贱体，肝脑涂地，难以报答”，什么“但得与兄长执鞭坠镫，做一小卒，报答救命之恩，实为万幸”，与他第一次被赚上山，那种“要杀便杀何得相戏”“卢某要死极易要从实难”的英雄气概相比，何啻天壤！

也许有人说卢俊义的这种感激涕零全出真诚，因为没有梁山的出兵，他就会死在大名府。但再深入地想一下，如果一开始就没有梁山，管家李固再怎么和员外娘子勾搭，再羡慕员外家产，再有能量，风头又怎能盖过卢俊义这堂堂“北京第一等长者”，把他置于要掉脑袋的境地呢？没有梁山吴用的那个连环妙计，以卢俊义的武艺和声威，李固始终只能在其卵翼下讨生活，充其量利用员外的粗心大意，偶尔私会私会员外娘子罢了。我不相信，卢俊义经过人生的大变故之后，痛定思痛，会一点儿也不清楚其中的恩怨曲直。

卢俊义的极度谦卑也许只能说明一个问题：他开始学会认识自己，并已经能够正确认识对手。在知己知彼之后，他的谦卑只是一种生存策略罢了。

良贾深藏若虚

对自己和对手有了深刻认识的卢俊义逐渐聪明起来了。他成了深藏若虚的“良贾”。

他的第一个表现聪明的行动是拒当梁山泊王。卢俊义二度上梁山，差点被人推上梁山泊王的宝座。拥戴他的不是别人，正是虽然尚未名正言顺登基，而实际上已成为梁山地头蛇的宋江。面对宋江的拥戴，卢俊义以一副极为谦卑的态度，坚决拒绝。须知此时的卢俊义对宋江还全不了解，还没有像后来那样经常目睹宋江让位好戏的机会，也就是说，宋江当时的推戴，于卢俊义来说完全是一个猝不及防的动作，卢俊义还来不及深思熟虑，摸清宋江的动机，面对突然变故，他的反应只是一种本能。而正是这种本能的反应在当时的情况下堪称得体极了，也恰好说明卢俊义的智商已经恢复到了正常水平。

他的第二个表现聪明的行动是在生擒史文恭之后，尽管握有了履行老天王遗嘱的最大本钱，却仍然拒坐第一把交椅。晁盖遗嘱说得很清楚，谁能擒得射死他的便为梁山泊王，所以，卢俊义荣登正位也是名正言顺，若是一个骄狂、头脑简单的人面对这种局面，只怕连几句谦虚推让的话都不肯说，便会急吼吼、大咧咧地坐上第一把交椅。但经过惨烈人生变故的卢俊义毕竟成熟起来了，他怎会不明白自己的处境呢？吴用使眼色怂恿众位兄弟闹风潮，好像生怕卢俊义不知深浅真登了大位，其实完全是多余的。自己有多少力量，别人有多少力量，本来是一目了然的事，还用得着靠鼓噪来向卢俊义宣示么？

他的第三个表现聪明的行动是顺遂宋江之意，进行一场“夺鼎之战”，而又轻易让宋江取胜。宋江、卢俊义各领一军各攻一城，以此来决定谁做梁山泊王，这本来是宋江的主意，是宋江巧妙避开晁盖遗嘱的制约，给自己找的一个台阶。如果卢俊义不能窥破这层深意，真以为这是决定王位归属的公平的战斗，拿出十足精神和全副本领，赢了宋江，那岂不是断了宋江的退路？在江湖社会中，自己没有强大的班底，却偏偏把羽翼众多势力雄厚的对手逼到了绝境，那简直是在找死。以前那个只知做生意发财的卢俊义看来也对江湖有了颇深的认识，他同意去和宋江比拼，只是在做顺水人情，因为宋江需要有这么一个对手。而宋江更需要用一个对手的失败来证明自己智略过人合乎天意，所以卢俊义放任本来归自己使用的吴用去给宋江献计，甚至当那个善使飞石伤人的张清在他阵前嚣张时，这个勇冠三军的卢俊义也似乎从没想到亲自上阵，挫其凶锋。在整个夺鼎之战中，卢俊义给人的印象是太消极太敷衍，只是很少有人想到在消极敷衍的背后，隐藏着深刻的人生智慧。

他的第四个表现聪明的行动是贵为第二把手，却对权力被攘夺的现实视而不见。我在《梁山泊的权力结构》一文中分析，卢俊义虽名为二把手，却没有什么实际权力，宋江和吴用才是梁山的权力中枢。在梁山这个江湖组织中，卢俊义仿佛就是一个花瓶，而看样子卢俊义对自己充当的角色一点儿也不在意。对一个原本心雄万夫的男人来说，这是需要忍功的。在这一点上，卢俊义有点像那个霹雳火秦明，在深刻地认识了自己和对手之后，都不得不深深将自己本能的一面隐藏起来。相比之下，卢俊义的难度似乎更高一些，因为他终究还是名义上的二把手，需要经常在台面上活动，注意的人也更多。一个人装着对权力被攘夺的现实不以为意很容易，但要演得出神入化，让人家不以为你是伪装，就很困难了。卢俊义达到了出神入化的境界。

他的第五个表现聪明的行动是越来越不显山露水。有论者说卢俊义上梁山后，除了生擒史文恭一役，几乎没有什么优异的表现和突出的贡献，殊不知这正是卢俊义的高明之处。本来就是别人疑忌的对象，如果时时处处出风头，会有什么好处呢？不仅仅是置身江湖，在中国，很多时候，平庸才是你最好的保护色。卢俊义的江湖阅历越深，他就会越来越聪明。

梁山以两位领导人的名号树着两面大旗，一面“山东及时雨”，一面“河北玉麒麟”，不知当日那个韬光隐晦的卢员外看到迎风招展的这面大旗时，究竟会泛起怎样的思想涟漪。

关胜、索超们的悲剧

在梁山大军中，有这么一个独特的集团，即原为大宋王朝之将官，后由于各种原因，汇入了这支江湖组织中。代表人物有杨志、花荣、秦明、索超、关胜、呼延灼、董平和张清。

虽然在梁山内部中，这群人趣味不尽统一，也未必就组成了一个有着共同利益诉求的小圈子小集团，但因其独特之出身，还是常要被人另眼看待的。几十年前，杨柳先生那本《水浒人物论》就对这批人曾经大摇其头，分析说："这些人的革命性是颇有问题的。不幸这种人在梁山泊中却颇占优势，……他们在宋江的提拔和安插下，在梁山泊是占有重要地位的。"

探讨江湖组织的"革命性"，时过境迁，现在看来实在是一件滑稽的事情。所以，若要借此研究花荣、索超们上得梁山，对所谓梁山的"革命性"带来了多大损害，也就显得十分无谓了。不过，显而易见的是，这个群体应该要算是大宋朝将官中的精英，而当时的大宋朝又分明不是一个刀枪入库马放南山的升平时代，边疆多事本应是这群精英大显身手的绝好机会，而事实是他们却汇聚到了江湖组织中。不论他们弃朝就野各有怎样的主客观环境，初衷是什么，仅花荣索超们在梁山栖身这一现象本身，就值得我们揣摩。

人事和制度

将官群体上梁山，大致有三种模式：身受上官欺凌，怨积于心，一反了之，花荣是也；犯事被贬，有杀身之虞，不得不走，杨志是也；平盗无功，反为所陷，一劝即降，关胜索超诸人是也。

这三种模式中，都蕴含着同一个关键词：怀才不遇。以花荣为例，本属将门之子，自己文武双全，按说把守一个清风寨是绰绰有余了，“远近强人，怎敢把青州搅得粉碎！”偏偏又在他头上加一个正知寨刘高，“这厮又是文官，又不识字，自从到任，只把乡间些少上户诈骗，朝廷法度，无所不坏”，花荣焉能不有愤言，又哪里会竭尽职守？以杨志为例，“三代将门之后，五侯杨令公之孙”，身世显赫武艺高强，自己也已经做到了殿前制使的位置，只不过因为一次天灾，公务失手，便一下被打入另册，不得不做小伏低奔走于权贵之门；以关胜为例，其人智勇兼长，雍容儒雅，大有乃祖关云长之风，可是却始终“屈在下僚”，若不是宋江大军攻大名府甚急，不是另一个“不得重用”的武官宣赞鼎力推荐，大宋朝哪里会想到要起用关胜？以索超为例，在大名府梁中书手下三位武将中，以索超武艺最高，却偏偏又以索超地位最低；以呼延灼为例，他是开国元勋的后裔，有万夫不当之勇，身居高位如高俅之流也还知道有这么一号人物，可是又如何呢？他的头衔不过是“汝宁州都统制”，按张恨水先生的说法，“以清代驻军制比较之，亦仅仅一县城中千总游击之类耳”；……

有惊天动地之能，有定国安邦之志，又恰逢边疆不靖国家动荡，正是所谓“沧海横流方显英雄本色”之大好时机也。可是，这些人却仿佛明珠暗投一般，时时受到压制，很难才竟其用。究竟是什么制约了他们？首先容易想到的是奸臣当道、上司颟顸。这当然是不错的，一个拥有更高权力而又品行才干俱劣的人处处掣肘，你是有力也没处使的，古人说“世未有权奸在内，而大将立功于外者”，讲的就是这个道理。然而，这只能说是原因之一，我们还不能因此就下判断，以为仅仅是在上者的个人品行好坏，就足以决定关胜索超们是否会有作为。我们可以举一个相反的例子。北宋名将狄青的名字，因为央视连续播放了《大英雄狄青》的动画片，已家喻户晓。历史上的狄青，抗击西夏屡建奇功，被认为是和南宋岳飞并称的宋代两大名将。他似乎要比岳飞走运，因为他没有碰上秦桧这样的权奸，而是韩琦、欧阳修这样被称颂为一代名臣的人，然而其结局却和岳飞同样不幸：正因为狄青功业太著威望太高，韩琦、欧阳修等一般文臣要抑制他，终于说动皇帝将狄青放逐，一代名将竟抑郁而终！

必须说明，韩琦、欧阳修个人品行绝非蔡京一流，而是传统意义上的君子人也，他们抑制狄青在很大程度上也并非出于私心。像欧阳修，还曾经专门写奏章对皇帝称赞狄青，然而仍是欧阳修，在狄青积功地位越来越高的时候，又表示了很深的疑虑，说“武臣掌国枢密，而得军情，此岂国家之福?”

关胜索超们在奸臣蔡京手下抑郁不得志，这也许尚可说主要是人事的原因；狄青在君子韩琦欧阳修那里也受到了猜忌，未尽其才，这就不能仍说是人事的原因了，而应该归论到制度层面，制度立于人事之上，是决定性的。宋朝开国皇帝鉴于五代军人专权割据的纷乱局面，更由于自己本来就是因掌兵权而被部下拥戴当了皇帝，生怕被人效

仿，所以其根本制度就是重文抑武，这一点正如钱穆先生在《国史大纲》里所分析，优待士大夫，永远让文人压在武人的头上，不让军人掌握政权，这是宋王室历世相传更不放弃的一个家训。

在皇室的大力推动和利益诱导下，蔑视武人成为宋朝社会的一大特征。在《水浒》全书中，我们看不到军人被百姓尊重的任何场景，一个泼皮牛二也居然敢在大街上寻军官杨志的开心。因为不尊重军人，所以宋朝还有给士兵脸上刺金印以防其逃跑的虐政，于是我们在《水浒》中常常听到那个诅咒的声音："贼配军！"这也是有史实为证的：狄青已经升到高级将领的位置，但就因为他脸上也有金印，在一次宴会上，一个妓女也敢公然取笑，向他这般劝酒："奉斑儿一盏。"

猜忌、抑制武人的制度，不尊重军人的社会氛围，再加上如蔡京高俅之流一群贪黩的上司，在这三点的作用之下，关胜索超们还能有什么更好的出路呢？

回到原点

关胜索超们上了梁山，其心境如何？

《水浒》之书一个显著的特点是，自一百单八将排定座次汇为一个集体后，对各个人物便很少再赋予个性化笔墨。不过，分析这群将官们的心态，也还有一些线索可寻。

第一个线索是杨志、索超话旧流泪的细节。杨志、索超原是军中袍泽，曾在梁中书的安排下有一场互相印证武功的精彩打斗，当时难分高下，自然惺惺相惜。后来杨志失陷生辰纲上了梁山，索超虽然武艺超群，可是看其在军中地位显然也并不得志，终于被宋江设计擒上山来。书中写道："杨志向前另自叙礼，诉说别后相念，两人执手洒泪。"这是一个耐人寻味的细节。水浒英雄流泪的情节甚少，而现在两个男人因“别后相念”“执手洒泪”，总给人一种怪怪的感觉。杨志索超为什么流泪，看来远远不是彼此思念这般简单，肯定是有一种东西触动了他们，让其悲怆而不能自已。什么东西会让这两个英武的男人如此悲怆呢？只可能有两点，一是悲自己的遭遇，以他们的志向和才华，谁会想到会同时栖身于“盗窟”，以这种方式再见呢？二是因一己之遭遇而同时感念国事。杨志曾经自述心迹，希望“边疆之上一枪一刀，博个封妻荫子，也与祖宗争口气”，向来被批评者斥为庸俗，这真是奇怪的议论，军人就应该效命于疆场，一个军官能够在边疆上建功总应该是国家的幸运吧，何俗之有？但现在这一切都归于幻灭，怎不让杨志索超悲从中来？

第二个线索是将官群体对招安的反应。前人早就看出来了，面对宋江招安的大计，梁山有截然不同的两派，李逵武松等是一派，他们明确宣布不能接受，要反就反到底，另一派就是将官群体这一派，他们虽然没有明确站出来表态，但那种几乎一致的沉默就已经足够宣示了。而偏偏这一群体在梁山上又占据优势，所以，宋江的招安大计终能成为事实。从将官群体对招安的态度上可以看出，他们始终把栖身梁山作为万般无奈下的权宜之计，在梁山，仿佛总有一种根深蒂固的东西，在限制着这一群体融入这个江湖组织。作为梁山主要力量的只有两类人，一个是游民，一个就是将官，这两类人也许一时可以称兄道弟脱略形迹，但毕竟还是有着绝不相同的人生理想，游民以大块吃肉大碗喝酒大秤分金银为最大幸福，将官们则更向往建功立业。

关胜索超们向往着招安，憧憬着在国家多事的时候去立功边疆，可惜他们并没有注意这个国家制度依旧如此，奸人依旧当道，没有醒悟自己虽然从江湖回归了朝廷，却不过是方位的变化，至于他们个人的命运，只是重新回到了原点罢了。这就是关胜索超们的悲剧。

《水浒》中的真英雄

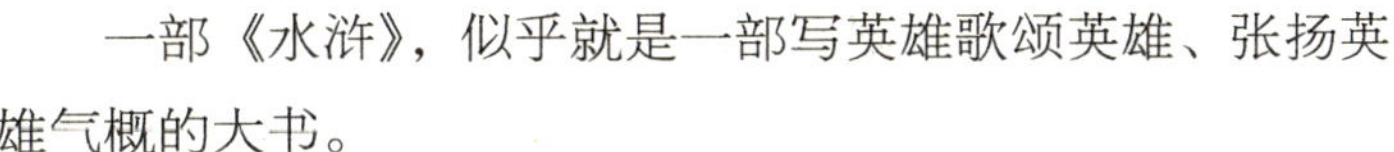

一部《水浒》，似乎就是一部写英雄歌颂英雄、张扬英雄气概的大书。

那么什么是英雄？在底层民众的心目中，那些不像自己瞻前顾后，言行大胆往往越出常轨，并最终能畅行其志的人，就是顶天立地的英雄。千百年来，这部大书之所以众口流传，受到升斗小民的追捧，其中一个很重要的因素，就是因为梁山好汉们大块吃肉大碗喝酒，还可以大声骂娘大胆杀人，生活得总是那么潇洒自在！老百姓眼看自己无福过上这样写意的生活，于是要通过读《水浒》满足一刹那的幻想。

《水浒》成书有一个漫长的过程，从最初的说书人，到后来定稿的作者，他们对笔下的英雄都是充满了仰慕敬爱之情的，为了将英雄们那种呵佛骂祖般的英雄气概表达得淋漓尽致，他们竭力给英雄们赋予了莫大的权力，这种权力多数时候没有边界，几乎没有什么力量能够约束，以致常常达到为所欲为的程度。吴承恩还想到给要和神仙们打交道的孙悟空戴上一个金箍子，《水浒》却仿佛没有打算让生活在市井小民中的江湖好汉有这样一道紧箍咒。只是我们现在阅读《水浒》的时候，不禁会想起一个严峻的问题：这些英雄享有了这种几乎不受约束的权力之后，会不会反过来伤害我们呢？回答这个问题简直不需要多思考，只要翻翻江州劫法场那一页，只要略想一想“十字坡上的冤魂”，就会有一个非常明确的答案了。这样一想，《水浒》中的多数英雄人物，我们就只好乞求他别来到我们身边，还是在纸上表演吧。

不过，这样一部大书，这么多好汉，总还是有那么几个稍稍另类的英雄。对一个只求平平安安过日子的庸人来说，这样的另类英雄不仅可敬，更感可亲，我叫他们是“真英雄”。

真英雄之一：王进

王进是《水浒》中第一个出场的英雄，但同时他又是一个神龙见首不见尾的人物。读《水浒》这么多年了，我一直奇怪，作者为什么要让仅露一面便告消失的王进第一个出场？

我说王进是真英雄，首先是因为他有我辈庸人羡慕的本领，这是当英雄的本钱。书中说得明白，这王进非等闲之辈，他是八十万禁军教头，如果我们对这一头衔尚无多少感性认识，只要想想另一个八十万禁军教头林冲就够了。他不过点拨了史进半年，这史进后来居然就庶几能与鲁智深抗衡，则王进之神勇，还用得着问吗？

其次，是因为王进那种毫不作假的对母亲的爱。中国的孝道虽然近代以来抨击者众，但现在痛定思痛，就不难发现，儿女对父母的孝并非一种违背人性的东西，“孝道”之所以曾经冒出过一些问题，只是因为有人要把它引向人性的反面，要把它弄得过于沉重甚至虚伪，以致常常压抑基本的人性，比如老莱子娱亲之类。而王进的孝是自然而然的。当高俅立意要和他为难时，这个拥有绝好身手的男人，首先顾及的是自己的老母，竟至和母亲抱头痛哭。在史进庄上歇息，天刚亮，就听见王进母亲“在房中声唤”，原来王进因为老母心疼病发，已起来多时了。这些都是极细小的琐事，但读者读来却有别样的温情。

最后，是因为王进耐得住寂寞。《水浒》一部书，演绎了多少活色生香、龙腾虎跃的好戏，可是王进居然不是主人公之一！都说时势造英雄，都说沧海横流方显英雄本色，这王进本来就是英雄，为什么却宁愿隐在这样一个大时代的幕后？他难道就没有心痒难搔跃跃欲试的冲动？不知道这王进究竟做什么去了，但我似乎看到了王进那双睿智的双眼。有的英雄是竭力要去主宰世界的，而这个世界往往正因为这种欲望而变得更不宁静。而王进显然是个反例，这样的人让我们尊重。

真英雄之二：林冲

推举林冲为“真英雄”，当然除了他的武艺，还有他与恶人的抗争，风雪山神庙时的那一场快意恩仇。不过，这个英雄男儿最打动我的，毋宁说是他的“软弱”。

软弱怎么还能叫英雄呢？这看似荒唐，其实正符合辩证法。我们看高衙内调戏林冲娘子那一回，“林冲赶到跟前，把那后生肩胛只一扳过来，喝道：‘调戏良人妻子，当得何罪！’恰待下拳打时，认的是本管高太尉螟蛉之子高衙内。……先自手软了。……林冲怒气未消，一双眼睁着瞅那高衙内。”金圣叹批这一段文字时，说“英雄在人廊庑下，欲说不得说，光景可怜”，但在我看来，此处林冲的表现正是英雄的活写照！有顾忌，想得很多，尽力克制自己的冲天怒火，这才是真的英雄，如果全无顾忌，从来只图自己一时痛快，那不过是莽汉，哪能算真正的英雄？

林冲对妻子的情义，时时处处为女人着想，是梁山好汉中绝难一睹的，有时候，这个血一点儿也不比其他英雄冷的林冲，倒简直有些婆婆妈妈了。临被押解上路之前，当着众街坊的面，他说和妻子“未曾面红耳赤，半点相争”，很多英雄恐怕都会掩耳而逃：这有什么值得一说？立下休书，坚持让妻子改嫁，原因是“莫为林冲误了贤妻”。林冲对妻子的挚爱，真应了鲁迅那句诗：无情未必真豪杰！

林冲另一大好处是从不滥杀无辜。读完《水浒》全书，我们都没有看到一个普通的小老百姓死在林冲之手。王伦勒索他交“投名状”，他在山下苦候，一连扑了几个空，其实，以他的武功，怎么会连一颗人头都难以取来呢，不过是不愿让无辜者流血罢了。在押解的路上，鲁智深欲杀那两个受命要害林冲的公人，林冲兀自劝解鲁智深：“非干他两个事，尽是高太尉分付，他两个怎不依他？你若打杀他两个，也是冤屈。”风雪山神庙那一回，林冲大开杀戒，实在是因为他已完全没有退路，那是一个英雄的爆发！

真英雄之三：鲁智深

英雄惜英雄，严格说来，《水浒》中，唯林冲与鲁智深可以当得这句话。两个男人真诚的友谊，居然演绎出如此动人的篇章，在中国的旧小说中，也许并不少见，但这样的友谊发生在江湖社会，不带任何功利和血腥的气味，却未免太另类了一点。

鲁智深看上去是那么粗鲁、急躁，道貌岸然的人恐怕要大皱眉头，但这只是一种很皮相的认识，在鲁智深那粗大的身躯里，跳动着的是一颗善良的心。在酒楼上喝酒快活间，金老父女的哭泣扰了酒兴，一般好汉，能够容忍，最多问个是非曲直，感叹几句就很不错了，鲁智深不然，当他知道了金老父女的不幸遭遇，第一个动作就是倾其所有向弱者伸出援助之手，而且还硬拉着史进和李忠一并赞助。晚上，甚至因为对此事不平，“晚饭也不吃，气愤愤地睡了”。一个好汉，特别是像鲁智深这样大大咧咧的，居然会因一个不相干人的遭遇，吃不下饭，这就见出鲁智深是以弱肉强食为法则的江湖社会中的异类，见出他最可贵的品质：他从来不怕什么强者，但对弱者却充满了深厚的同情，世间一切恃强凌弱的人和事，都是他最难容忍的。

鲁智深对林冲的真诚，也许还可以解作哥们儿的义气，但他对卖唱父女的帮助，却完全是人性的流露。他有一句口头禅，“杀人须见血，救人须救彻”，因此他救助弱者关怀朋友，总是要负责到底。野猪林救林冲，救下也可以罢了，他却因为担心路上再有危险，硬是将林冲送到了一个危险的地方才离去。帮助卖唱父女逃走那一段更有喜剧色彩，这个粗人本来一直大意惯了，但当那父女从店中逃走，鲁智深“恐怕店小二赶去拦截他，且向店里掇条凳子，坐了两个时辰，约莫金公去得远了，方才起身”。这种细腻的风格，我们很少看到鲁智深用在自己身上。连向来讨厌梁山好汉的周作人，也在《小说的回忆》一文中，说自己“始终最喜欢鲁智深。他是一个纯乎赤子之心的人，一生好打不平，都是事不关己的，对于女人毫无兴趣，却为了她们一再闹出事来，到处闯祸，而很少杀人，算来只有郑屠一人，也是因为他自己禁不起而打死的”。

张恨水为鲁智深写了四句偈语，“吃肉胸无碍，擎杯渴便消。倒头好一睡，脱得赤条条。”好一个胸怀坦荡的真英雄！

真英雄之四：朱仝

朱仝在《水浒》中虽列为天罡星，却不是一般读者关注的对象，因为他没有表现出惊人的才艺，更缺乏像武松那样跌宕起伏的人生传奇。可是，我却认为他是梁山为数不多的真英雄中的一个。

当然，朱仝义释晁盖和雷横，宁愿自己承担风险和责任，这种江湖义气是我推他为真英雄的因素之一。但仅此一点是显然不够的，否则宋江“担着血海般关系”通知晁盖潜逃，一点儿也不比朱仝逊色，那宋江岂不也成了“真英雄”？我说朱仝是真英雄，更主要的是因为“小衙内事件”。

那个四岁的小衙内是知府之子，好像和朱仝有缘，特爱和朱仝亲近，可是梁山为了断绝朱仝退路，让他无法向知府交待，竟然派李逵斧劈了这个孩子！就为了这个无辜儿童的性命，朱仝多次要和李逵性命相搏，这是颇让梁山那些好汉们齿冷的。在他们看来，为一个小衙内伤兄弟情分，不说朱仝丧心病狂，也是不明大体了！就是从朱仝和众好汉对待小衙内的不同态度，我看到了朱仝那远未因江湖险恶而灭绝的人性。这样的人也才算得真正的英雄！

世界上关于英雄的标准很多，诞生了各各不同的英雄观。而现在一百单八将，加上王进，我不过只承认以上区区四位为“真英雄”，那么概括起来，我关于英雄的标准究竟是什么呢？

一是不自命不凡，认为世界上除自己之外，其他人等都应该效命于我，随我驱驰，仿佛哪怕因此掉了脑袋也是一种幸福。王进就是这样一个不自命不凡的英雄。与此相反的人，则绝不甘于平淡，天翻地覆才会让他们获得心理满足。可是你自己上天入地也就罢了，为什么还要让许多无辜之人作你的马前卒和牺牲品？与王进相反的人，也许可以闹出很大的动静，但我只认为他们是枭雄，而绝不是什么英雄！

二是以恃强凌弱为耻。真的英雄都是遇强则强遇弱则弱，在强者面前，他们有一种勇于抗暴的精神，威武不能屈，但在弱者面前，其调子却很低，他们不认为欺负弱者是一件光彩的事。以此对照鲁迅所揭示的“遇见狼是羊，遇见羊就变成了狼”的中国人的劣根性，我推鲁智深作英雄，是恰如其分的。

三是即使置身于江湖社会，也还葆有基本的人性。这种基本的人性包括：对父母妻儿那种天然的爱，不喜欢无辜者流血，对生命还有一定的敬畏感。

用这三条标准衡量，除了以上四人，《水浒》中还有多少好汉可以入“真英雄”之列而无愧？我不能不说，即使还略有一二，也已经是凤毛麟角了。

“可怕”而又“可憎”的拼命三郎

正所谓“有一千个观众便有一千个哈姆莱特”，对文学作品中的典型人物，读者因了不同的身份、阅历和学识，往往会有不同的观感。

比如关于《水浒》中的“拼命三郎”石秀，千百年来竟有截然相反的两种意见，一种说：“在《水浒》刻画的所有农民革命英雄形象中，各方面显得最成熟而又完整的人物，笔者认为是‘花和尚’鲁智深和‘拼命三郎’石秀两人。”（杨柳《水浒人物论》）另一种则认为，“武松与石秀都是可怕的人，两人自然也分个上下，武松的可怕是辣煞，而石秀则是凶险，可怕以至可憎了。”（周作人《知堂乙酉文编》）

从我本文的拟题中，就可以发现，在对石秀的评价问题上，我当然是站在周作人这一边的。拼命三郎的确就是一个让普通人感觉可怕而又可憎，和他打个照面都要倒吸一口凉气，恨不得远远避开的人物。

有人会觉得奇怪，在梁山好汉中，石秀的武艺算不得十分突出，不是顶尖厉害的角色，似乎也并未像李逵那样抡着板斧乱砍一气，更没有穆春穆弘兄弟那样横行乡里的劣迹，何至于说他“可怕”而又“可憎”呢？

其实，石秀的可怕和“可憎”不在于他的武艺有多高，也不在于他是否喜欢胡乱杀人，而在于他的“超精细”，在于他的“穷撇清”。

可怕的“超精细”

在梁山群雄中，要争武艺第一，估计会有很多人摩拳擦掌跃跃欲试，而要问谁最精细，除了军师吴用，在武人当中，恐怕非“拚命三郎”石秀莫属了。

书中关于石秀的精细过人，有许多精彩的笔墨。大的如打祝家庄前，石秀去打探情报，关于这一段，我想先偷懒摘抄对石秀极致崇敬的杨柳先生的分析：

“石秀化装成樵夫，挑一担柴进入祝家庄，从钟离老人那里获得了必要的消息，顺利完成了使命。在整个‘探庄’过程中，我们充分看出了石秀的机警、沉着、精细、果敢和英勇，所有这一切优秀品质和可贵性格，充分说明石秀政治上的成熟。当然，这是和他的下层劳动人民的优良出身以及长期反抗斗争的锻炼分不开的。我们在其他英雄的身上，并不是不能找到这些性格特点，但却没有这样集中和深刻。李逵是勇往直前的，但却缺乏应有的机警和沉着态度；武松是机警而沉着的，但又不够精细，他那种因过重‘个人恩怨’而产生的‘偏激’行为，也是和石秀有些距离的。……参加‘探庄’的共有两人，除石秀外，还有‘锦豹子’杨林，但完成任务的却只石秀一人而已。杨林却被祝家庄拿住了，而杨林本身也决不是莽撞冒失的人。《水浒》作者从两人的对照中，完成了石秀这位比较完整和全面的英雄形象的刻画！”

对杨柳先生这一大段文字，我除了对其在特定时代给

石秀附加的各种帽子持保留态度外，其他都是赞成的，通过“探庄”一役，石秀非同寻常的机警、沉着和精细，的确是跃然纸上，给人留下了深刻印象。石秀之精细，这只是大的方面，小的方面，杨雄之妻潘巧云不过随口向石秀介绍了几句关于“贼秃”裴如海的情况，石秀便“自肚里已瞧科一分了”。潘巧云和裴如海的奸情，就在杨雄眼皮底下发生，杨雄兀自蒙在鼓里，石秀不过打个照面，就洞烛其奸，拼命三郎之嗅觉，已非常人所及！

一般来说，做人精细一点总是好的，可以少被人糊弄，但石秀的精细已经越过了正常人的界限，算得上“超精细”了。他仿佛处处在揣摩人的心思，一双眼睛好像时时在提醒和他打交道的人：我心里跟明镜儿似的，少在我面前打马虎眼！我们看他回答裴如海问他“贵乡何处、高姓大名”的话，“我吗？姓石名秀！金陵人氏！为要闲管替人出力，又叫做‘拼命三郎’。我是个粗卤汉子，倘有冲撞，和尚休怪！”这几句粗看倒也稀松平常，可在心里有鬼的裴如海听来，真是冷极了也锋利极了，简直要不寒而栗！难怪后面裴如海“连忙走，更不答应”，连情人要他“早来些个”的话都听不进去了。

一个“超精细”的人，正因为自己经常要揣摩别人，所以他总以为别人也和他自己一样，做每一件事时，都有着非常细密的用意。其实，很多时候，普通人说话做事往往只是下意识的行动，最多不过稍作考虑，哪里会有这么多弯子可绕呢？杨雄的丈人潘公和石秀一起做屠宰生意，石秀掌管账目，过了两月，石秀身上添了新衣，回来见“铺店不开”，“肉店砧头也都收过了，刀仗家火亦藏过了”，便心中寻思：“哥哥自出外去当官，不管家事，必然嫂嫂见我做了这些衣服，一定背后有说话。……自古道：‘哪得长远心的人？’”然后便收拾账目，对潘公道：“且收过了这本明白帐目。若上面有半点私心，天地诛灭！”事实证明潘公根本就没有猜疑石秀的意思。

一个过于精细的人，是会被摒于正常的人际交往圈之外的。像石秀，谁敢做他的同事、朋友，做他的生意伙伴呢?

可憎的“穷撇清”

石秀还有一个特点，就是时时处处要撇清自己。不愿意被人冤屈，这也是人之常情，石秀明显越过了常情的界限，他为了撇清自己，对是否会伤害到别人，会造成什么样的后果等等，都是不屑一顾的。

石秀的“穷撇清”，第一个例子就是摆出账目给潘公看，而且还发毒誓。而最显著的，是他越俎代疱替杨雄“清理门户”。

怎样看待杨雄的“家丑”? 尽管我对《水浒》中的石秀充满了憎恶，但并不想把潘巧云和裴如海的奸情美化，也不准备以现代人的法律观念去解读石秀的杀奸行动，因为那样做必然导致将《水浒》这部书全部推倒，是以今人因时代条件差异而产生的“高明”去笑话古人了。我们还是回到宋朝那种特定的历史环境中，去看那场奸情和杀奸者吧。如果是这样，那么我要说，虽然潘巧云对裴如海自述中透露，为人之夫的杨雄“一个月倒有二十来日当牢上宿”，为这段奸情掺上了一点人性的影子，但无论怎样，潘、裴的私情是应该受到谴责的，从书中描写看，和尚裴如海也是个玩弄妇女的老手，他的死实在是咎由自取。撞破朋友之妻的私情，石秀第一个反应是为杨雄不平，“哥哥如此豪杰，却讨了这个淫妇!”这是情理之中的动作；第二个反应是向杨雄道破秘密，这仍然不脱常人的思维。然而，因为杨雄醉酒，被潘巧云猜破，先发制人，说石秀调戏她，使杨雄反疑石秀。这个时候，“拼命三郎”的一系列反应就完全是“石秀式”了：先是忍耐，一般人遇到朋友冤屈，总是要辩解几句的，可石秀却一笑了之，显见有极深的谋划；然后更将裴如海和报信的头陀杀死。这都不是常人所敢想所能为了。

石秀为什么对朋友之妻的这段奸情如此不依不饶，甚至不惜连杀两条人命？并不是一个简单的义气可以遮掩过去的。如果仅仅是为了义气，他将自己掌握的奸情透露给杨雄，就已经尽到朋友的职责了。可以断言，在他向杨雄揭发时，是没有动什么杀机的，然而等到杨雄反倒怀疑到他自己头上时，他的怒火却好像要比亲见朋友之妻偷情更为炽烈，那不怒反“笑”就是明证。也只是在这个时候，他才真正动了杀机，也就是说，潘巧云载赃他这个自诩的“顶天立地的汉子”，才真正让石秀感到不可忍受，他的自白也说得清清楚楚，“他虽一时听信了这妇人说，心中怪我，我也分别不得，务要与他明白了此一事。”“务要与他明白了此一事”，石秀在受人栽赃的愤怒之下，急欲撇清自己，不是昭然若揭吗？

撇清自己也许还是必要的，可石秀为此，不惜搭上四条人命，这种“穷撇清”就太让人恐惧了！

奸情暴露后的杨雄本来也没想杀掉自己的妻子，但我们看到，作为朋友的石秀却步步紧逼，非要他痛下杀手不可：和杨雄定计诱潘巧云上翠屏山时，石秀说的是，“是非都对得明白了，哥哥那时写与一纸休书，弃了这妇人”，似乎也还没想到要置潘巧云于死地，可是到潘巧云被逼说出详情，并向丈夫讨饶时，石秀却道：“哥哥，含糊不得！”待石秀“递过刀来”，杨雄先杀了侍女迎儿，潘巧云转向石秀求饶：“叔叔，劝一劝”，石秀说出了一句妙语，“嫂嫂，不是我。”……在人命关天的紧急时刻，石秀的这句“闲话”正活画出其人狠毒之性格。

一个人的朋友之妻偷情，最愤怒的本应是那个朋友，可是在这里，最愤怒的倒不是杨雄，而成了石秀；最不惜手段的，也不是杨雄，而是石秀。这正常吗？是一个恪尽朋友之道的人应该做的吗？

超过常人的精细和狠毒，这样一个拼命三郎，哪怕头上再多“义薄云天”等光环，我也是要退避三舍的。

宋江的立威术

少时读《水浒》，对其主角宋江是既鄙夷，但又不得不佩服。鄙夷宋江，是因为在风风火火的群雄中，这个人无文章经世之才，也无拔木扛鼎之勇，却偏偏要在一个英雄群体中当主角；不得不佩服宋江，是因为这样一个无才无勇、貌不出众的郓城小吏，偏偏能够笼络群雄，使天下好汉都乐为之用。

然而佩服归佩服，困惑却始终存在：像这样一个连庸陋如我辈都瞧不上眼的人物，在江湖中为什么会有那么崇高的威望，使天下好汉都乐为之用呢？少年时代读《水浒》的次数也不算少了，越读越觉得就人物塑造论，宋江是此书的一大败笔，因为从书中，读者找不到宋江获得江湖极尊地位的合乎情理的逻辑。

现在看来，儿时读书，敢对名著质疑，豪气固然可贵，但未免也过于粗疏了。《水浒》一书，何尝没有写出宋江在江湖上的立威之术呢？只不过需要细心寻绎罢了。

小恩小惠为什么能收服群雄？

毫无疑问，宋江之所以在江湖上极受尊崇，舍得花银子是非常重要的一个因素，这也是其“及时雨”绰号的由来。可说实在的，宋江赢得“仗义疏财”之美名，为此而花的银子并不多，每次也就几两十几两，几乎没有一次是超过百两的，说此乃“小恩小惠”一点儿也不过分。这就很奇怪了，那些行走江湖的豪杰，什么样的阵仗没见过，平生敬服过谁，为什么却因为宋江的一点小恩小惠，就要做小伏低呢？

笔者以为，这应该从两方面来谈。第一，是要注意宋代商品经济高度发展的背景。历史学家们都承认，两宋时期的商品经济超过了以往任何一个朝代。而商品经济发展的一个必然现象就是“货币拜物教”的流行，因为货币仿佛在社会生活中无所不能，也就是通常所说的“钱能通神”，所以，滋生了人们对“货币”的崇拜乃至迷信。在这个时候，由于人们都高度重视金银货币的作用了，因此紧紧捏住钱袋的人，所谓“守财奴”的比例，就远远超过了历史上任何一个时期。只认钱不认人，重钱轻义，这一类“守财奴”，只能在商品经济高度发展后才会大量涌现，不仅中国，西方也是如此，这一点我们只要想想巴尔扎克笔下的葛朗台就明白了。而正因为货币的力量太过强大，社会普遍重钱轻义，“仗义疏财”的人才显得特别稀罕和珍贵。其实何止宋江一人因为舍得花银子赢得了声誉，柴进不也是以其对待财富的特有方式，让江湖好汉敬仰吗？

第二，是要考虑游民阶层的特点。先在江湖上飘，后一起到梁山聚义的那些好汉，其中的绝大多数，身份都应该归入“游民阶层”。“游民”，重点在一“游”字，他居无定所，也无恒财，更无牵挂，虽然乐得逍遥自在，但常常难免要闹钱荒。虽然有时可以靠一些非法勾当，暂时缓解经济困境，可毕竟受主客观条件的制约，并非任何时候都能如愿。怎么办呢？游民们就特别盼望世界上出现一个广有资财，偏偏又视金钱如粪土，而且恰恰又很赏识他们的“救世主”，可以在其最困难的时候“仗义疏财”，帮助他们度过难关。宋江正好满足了游民阶层这三方面的愿望，他成为游民们心目中的理想人物，享有极高的威望，又有什么可奇怪的呢？

在“货币拜物教”盛行的时代，在衙门中当押司的宋江，却爱在游民阶层中抛撒银子，这已经足以让他“及时雨”的美名传遍江湖了。而宋江并不以此自限，对待江湖豪杰，他还有非同寻常的笼络人心的功夫。

从王矮虎纳妻看宋江手段

宋江笼络人才和人心的功夫，可以说已到了无微不至无孔不入的化境。

一方面，他很有“江海不择细流故能就其深”的气魄，在吸纳人才的问题上，没有任何门庭、出身、资历、武艺高低乃至品行好坏等条条框框的限制，只要来投奔他的，都可以收归己有，为己所用。那些差点要了他命的燕顺、张横、穆春穆弘兄弟，宋江可以完全不计前嫌；杨雄时迁等人在祝家庄惹了祸，到梁山寻求庇护，因“鸡鸣狗盗”的行径差点被晁盖拒之门外，宋江却全不计较，有来必录。而事实证明，即使像时迁这样的鸡鸣狗盗之徒，只要使用得当，也是可以发挥奇效的。宋江在这一点显然要高过晁盖一头。

另一方面，对待各类豪杰，宋江的身段极低，谦恭极了，也细腻极了。初见鲁莽的李逵，他不仅一见面就给他银子赌钱，更一口一个“大哥”，估计李逵这辈子都没有听人这么叫过；面对精明而自负的武松，他又可以大灌“兄弟你如此英雄，决定做得大事业”的迷魂汤；引诱别人入伙，他更能随口将梁山泊王的宝座大方奉上；……而最见其手腕的，应该表现在他面对王矮虎的态度上。

在梁山群雄中，貌丑、贪色、武艺低微的王矮虎完全是下下之选，一个要做大事业的人，本来是可以完全轻忽他的，宋江却全然不是这样。在清风山上，王矮虎要掳来的刘知寨的娘子做自己的压寨夫人，宋江因为自己要去投奔的花荣和刘知寨是同僚，怕日后下不了台，坚持放走了刘知寨的娘子。好色的王矮虎被坏了好事，“又羞又闷，只不做声”，宋江说了一番话，“兄弟，你不要焦躁，宋江日后好歹要与兄弟完娶一个，教你欢喜便了”。在这个时候，我想不仅是在旁的燕顺、郑天寿把宋江此语视为一句玩笑话，就是王矮虎本人恐怕也未必当真，因为书中王矮虎听宋江劝解后的态度是显豁的，“虽不满意，敢怒而不敢言，只得陪笑”。

然而宋江却一直把这事记在心上，即使在他已贵为梁山泊王，诸事丛脞日理万机的时候。在梁山攻打祝家庄的战斗中，王矮虎见对方叫阵的扈三娘貌美，“指望一合便捉得过来”，不料却反为所擒。战场上本是性命相搏的非常时刻，好色的王矮虎“做光”的样子，却历历如绘。因此宋江在林冲擒获扈三娘后，对这个战俘的处置便早已成竹在胸了。把扈三娘配给王矮虎，已经足以显示宋江的重然诺了，宋江却似乎觉得扈三娘这个“道具”的作用还未发挥到极致，于是又让扈三娘当着群雄的面拜他爹宋太公为义父，使扈三娘头上又有了“梁山泊王干妹妹”的光环，抬高了其身份。当然，这种身份对扈三娘并不紧要，要紧的是，这样一来，那个好色却轻死的王矮虎却会格外受用，感觉有面子，更愿意死心塌地随着宋江的号令而驱驰了。尤具妙用的是，这场戏的的直接受惠者是王矮虎，观众却是梁山群雄，他们眼看着自己尊敬的大头领对王矮虎这样一个卑猥的人物，关怀都这么无微不至，而他们都应该自视高于王矮虎，则自己在“大哥”心目中是何等地位，还用得着说？既然“大哥”如此恩重，自己应该如何效死，岂非不言而喻？所以宋江这出戏，表面上是为了王矮虎，实际上更是演给梁山群雄看的。

对自己组织中像王矮虎这样的一个下下人物，宋江都绝不会使他有所怨望，至于其他人等，宋江又会下何种功夫，是完全可以管中窥豹的。因此张恨水先生虽鄙夷宋江，也不得不对此大加赞叹，“试观《水浒》一百零七人，品格不齐，性情各异，而或重情义，宋即以情义动之，或爱礼貌，宋即以礼貌加之，或贪嗜好，宋即以嗜好足之，于是指挥若定，一一皆为其效死而莫知或悔”。说得十分到位！

自然，宋江要在江湖上立威，还离不开他最本质的一面，即玩弄权术。面对憨直的江湖好汉，这类把戏也往往会有奇效的。如梁山当初邀他上山时，他始终高唱忠孝节义的调子，欲拒还迎，甚至当花荣要他卸枷和兄弟们喝酒尽欢时，他还大言不惭地说：“此是国家法度，如何敢擅动！”其实，敢私放犯下惊天大案的晁盖的宋押司，哪里是把“国家法度”放在眼里的人呢？“如何敢擅动”云云只是装腔作势罢了，不久，宋江和两个负责押解的公人离开梁山，公人为讨好宋江，提议开枷，宋江的回答却又与面对花荣时迥异了，“说的是！”“当时去了行枷”。……

“没有金钢钻，不揽瓷器活”，没有两把刷子，也就不要到江湖上混了。宋江虽然武无拔木扛鼎之勇，文无经国济世之才，但依靠他特殊的手段，却足以傲视江湖上那种你一枪我一刀的匹夫之技，堪称江湖组织中的“万人敌”。卢俊义林冲等人哪怕勇冠三军，却也只能在宋江手下讨生活，若有人问宋江此中奥妙，估计他会和那个汉高祖刘邦一样得意地回答：宁斗智，不斗力。可惜说到底，他的这种“智”只是“小智小术”而已。

梁山泊的娘儿们

梁山泊的娘儿们，到目前为止，在我这部关于《水浒》的小书中，我只仅仅写到了扈三娘，而即使是写扈三娘，也主要立足于上梁山之前，至于成了梁山这个江湖组织中女头领之一员的扈三娘，不过寥寥数语，草草带过罢了。老实说，这不能说是我偷懒，而实在是《水浒》对梁山泊娘儿们的处理太过草率，给人想象、分析的空间几乎殆尽。

然而，说水浒英雄，避而不谈梁山泊的娘儿们，终究是不完整的，何况，像这样一部为江湖组织立传的大书，偏偏让投身于其间的一部分面目模糊，这种处理人物的方式，如果换一个角度，不是正好透出了一些值得咀嚼的信息吗？

且让我们先从梁山好汉的“女性观”说起。

梁山好汉心目中的四种女人

说到一个人的“女性观”，应该包括以下几点，如他怎样认识女人在这个世界中的作用，女人在他心目中占据什么样的地位等等。那么，梁山好汉的“女性观”是怎样的呢？

不难发现，梁山好汉的心目中，实质上有四种类型的女人：

第一种，林冲娘子式。林冲娘子应该是梁山好汉最认同的一类女人，她的特点就是“美”“贞”“贤”。然而这一类女人又常常让江湖好汉们感到为难，因为正如我在《英雄与情色》这一篇文章中分析的那样，“游民们习惯于餐风宿露、刀口舔血，没有家室之累，没有情感之绊，无牵无挂，也才好风风火火闯荡江湖”，而几乎完美无缺的林冲娘子正好是“家庭”的一种象征，她是与江湖世界格格不入的，尽管如此，这一类型的女人却没有给好汉们任何非难乃至遗弃的理由。于是，《水浒》的作者只好让林冲娘子在奸人的勒逼下自杀，既成全了她的贞结，也好让英雄们没有负累地驰骋于江湖。

第二种，潘金莲式。如果要问淫妇类型在江湖好汉心目中有什么作用，也许只好说可以显示自己的凛然不可犯，并拿来试刀吧？

第三种，李睡兰式。李睡兰是东平府的一个娼妓，九纹龙史进的相好。我曾经分析过，江湖文化和游民文化其实是并不排斥妓女和妓院的，李睡兰式的娼妓在梁山好汉心目中自有特殊的功用，这就是供笑乐和性的发泄。江湖好汉们固然鄙视李睡兰式的女人，这从他们平日骂人的一些口头禅中是看得出来的，但实际上也离不开她们。

第四种，顾大嫂式。顾大嫂在《水浒》中给人的直接观感就是“泼辣”，不过，世间尽有风风火火的女子，而像顾大嫂这样几乎显示不出性别的人却实在少见。谁不说《红楼梦》中的凤丫头泼辣呢？但王熙凤即使在撒泼的时候，也没人会说她不是女人。而梁山上的娘儿们，几乎就只剩下了“顾大嫂式”这一种，她们和男人一样，喝酒，说粗话，杀人。

梁山好汉们对林冲娘子式女人有复杂的感情，身在江湖，既不愿让其拖累自己，也不能任其别居，因为这有遭遇强人而失节的风险，又不忍对这样“贞”“美”“贤”的女人痛下杀手，这也许是他们有生以来第一次感到处理一个女人居然会如此为难。林冲娘子的自杀不能不说是最好的化解难题的方式。潘金莲式女人是否就是梁山好汉最厌恶的一种女人呢？这倒也未必，我们看武松杀潘金莲、杨雄杀潘巧云，真是一丝不苟地专业，虽然是虐杀，然而那虐杀里分明有一种让人惊异的快感，那么好汉们或许还会庆幸遇到一两个淫妇，也未可知吧？李睡兰式的女人有特殊的功用，但显然不适合在被嫖之后，跟着英雄们上梁山，因为在江湖和游民文化的语境里，那是会有大大的忌讳的。如果不幸真有一两个李睡兰式的女人在与英雄露水姻缘之后，怀抱种种不切实际的幻想，就像旧戏里的落难公子和风尘女子的故事一样，那只会得到一顿饱拳的，除非这个英雄有勇气自绝于江湖。顾大嫂式的女人是梁山唯一可以接纳的对象，其中要害唯在于，这一类型的女人已经和好汉们同化，或者说被江湖和游民文化彻底改造了。

“第三性”

顾大嫂式的女人是梁山唯一可以接纳的对象，因为这种类型的女人，已经失去了性别的特征。像顾大嫂、孙二娘，组织从来都是把她们当男子一样安排和使用的，她们自己也仿佛从来没有把自己视为和男子不同的人，不论是在像战争这样的残酷的行动中，还是在日常的言语举止的小节上。

如果女性原有性别特征一时半会儿居然还没有失去，则会面临一次改造的过程。这可以举扈三娘为例。在和王矮虎的厮杀中，刚一照面，色狼王矮虎的“做光”就没有逃过扈三娘的眼睛，这让她既羞且愤。不要低估这种羞愤的感觉对一个女人的重要性，因为它表明，女子对自己的性别有一种良好的自觉，同时也证明这名女子还没有丢掉性保护的本能。只有不把自己当女性看的女子，才会对男人的“做光”全然失去敏感。可是上了梁山的扈三娘很快就变成了另一个顾大嫂。就像我在《“没面目”扈三娘》一文中所说的，遵照宋江的指示，和手下败将王矮虎婚配后，我们看到的扈三娘，“只是一个以替天行道的名义砍砍杀杀的机器。”这中间肯定有一种改造的过程，只是《水浒》没有提供更多的细节，于是这里就留下了一个疑问：扈三娘面对自己全然陌生的一种“文化”，现在要融入其中，是被迫，还是自愿接受对自己性别的改造？据我的推测，应该是二者兼而有之。也许在初时，“被迫”的因素更多一些，这就像她无法拒绝宋江配给她的那个男人一样。而随着时间的流转，岁月移人，氛围动人，更何况身边还活跃着顾大嫂、孙二娘这样的榜样？于是，娇羞而又勇武的扈三娘也慢慢于不知不觉间，接受了现实的安排，并逐步跃进到了自愿消泯一切性别界限的状态中。于是，梁山就只剩下了顾大嫂式的女人。

顾大嫂式的女人在梁山上究竟扮演着一种什么样的角色？和男子相比，这种角色的差别接近于零。当然，她们还是别的好汉的妻子，可是我们却完全看不到梁山上有夫妇之爱的一丝空间，因为游民是强调不能对女人动情的，哪怕这个人是自己的妻子，而即使是闺房之私也应该越少越好，否则只会让人耻笑。女人的另一种角色是母亲，而不知是为了显示梁山泊娘儿们改造的彻底，还是为了显示梁山好汉“打熬筋骨”的纯粹，在旧时避孕术非常不发达的环境中，顾大嫂、孙二娘、扈三娘居然都没能当上母亲。这是非常值得玩味的一个细节。也许我们从中可以读到一个明白无误的信息：梁山实质上是拒绝女人的，如果女人因此或因彼，走上了梁山，那么她们就不能再扮演妻子和母亲的角色，从根本上说就是不能再继续做女人。

顾大嫂们是和梁山相始终的。她们之所以还能在梁山生存下去，就因为她们已不再是女人。那么她们是和梁山好汉完全一模一样的男人吗？大体是这样，但在一些非常细微的地方，又还有那么一点区别，这就是，她们似乎比男子更仇视女人，从某种意义上说，她们既不是完全意义上的男人，也不是完全意义上的女人，而成为了一种“第三性”。书中有这样两个情节：梁山大军打下祝家庄后，“顾大嫂掣出两把刀，直奔入房里，把应有妇人，一刀一个，尽都杀了”。顾大嫂的专杀妇人，看来并不是上级安排而是她自主选择的，为什么？欺软怕硬专捡好杀的开刀么？应该不是这样，书中说得明白，顾大嫂的凶蛮还在她丈夫孙新之上。我看就是她骨子里对女人的仇视在左右着她的行动。另一个情节是关于扈三娘的，在宋江征田虎的战斗中，对方女将琼英出战，“矮脚虎王英看见是个美貌女子，骤马出阵，挺枪飞抢琼英。……王矮虎拴不住意马心猿，枪法都乱了。琼英想到：‘这厮可恶’觑个破绽，只一戟刺中王英后左腿”，观战的“扈三娘看见伤了丈夫，大骂‘贼泼贱小淫妇儿，焉敢无礼！’飞马抢出，来救王英”。扈三娘对眼前这一幕并不陌生应该是清清楚楚的，有意思的是她那句脱口而出的辱骂，“贼泼贱小淫妇儿”。在刚才的一幕中，究竟是哪一个犯“贱”犯“淫”？我不相信，扈三娘在这个问题上会失去基本的判断能力，只不过她早在这一幕发生之前，就已经把女人放在了“贼泼贱小淫妇儿”的位置上罢了。

梁山泊的娘儿们成为了“第三性”，乃至比梁山上的男子更加仇视女人，这一点耐人寻味，但并不是一件多么难懂的事。我们只要想想皇宫里的宦者，也会多有一些常人

无法理解的诡异，就能大致明白了：生活在一个扭曲的环境里，日久天长，性格和思维发生一些畸变，这不是势所必至理有固然么？

有小术无大智的吴用

近代著名通俗小说家张恨水也善散文小品写作，《水浒人物列传》即其代表作之一。此书成于上个世纪三四十年代，因当时特定的时代背景，和作者所抱的人文理想，张恨水先生对水浒英雄少有期许，但他同时对栖身梁山的一些奇才异士，也不能不大加赞叹，最典型的是他关于吴用的论述。张先生的书系用浅近文言写成，并不难懂，现引在下面：

“吴虽为盗，实具过人之才。吾人试读《水浒传》智劫生辰纲以至石碣村大战何观察一役，始终不过运用七八人以至数十人，而恍若有千军万马，奔腾纸上也者。是其敏可及也，其神不可及也。其神可及也，其定不可及也。……更有进者，《水浒》之人才虽多，而亦至杂也。而吴之于用人也，将士则将士用之，莽夫则莽夫用之，鸡鸣狗盗，则鸡鸣狗盗用之。于是一寨之中，事无弃人，人无弃才。史所谓横掠十郡，官军莫敢撄其锋者，殆不能不以吴之力为多也。夫天下事，莫难于以少数人而大用之，又莫难于多数人而细用之。观于吴之置身水泊，则多少细大无往而不适宜，真聪明人也已。……”

张先生这本薄薄的小书是我爱读的，他的许多论述我都同意，在前面的文字中也颇征引过一些，但他关于吴用的观点我却不敢苟同。自然，吴用的计谋之巧、运思之密，在《水浒》一书中的确表现得淋漓尽致，我也在前面的文字中，多次肯定他对梁山这个江湖组织发展所起的不可替代的作用。然而，我同时认为，在局部上，在战术层面，吴用是够聪明的了，但他几乎没有什么战略思想，他的计谋也深深浸润在中国传统权谋文化的毒酒中，过于功利过于狠戾，却根本缺乏大智慧。

江湖组织中秀才的作用

“秀才造反，三年不成”，这是市井社会流传的一句讽刺知识分子不成器的话。为什么知识分子造反，就会“三年不成”呢？我想原因无非在于，秀才们相对比较胆小，在关系身家性命的大事上，不敢出来挑头。不过，一旦有人出来挑头，拉起了一支武装，揭出了反抗主流社会的大旗，如果不想迅速被对手所吞噬，那似乎又非得有秀才在后面摇鹅毛扇不可了。这又是为什么呢？原因也很简单，江湖中人只注重个人之勇武，往往习惯于斗力，这在小规模的战斗中，也许可能是决定性的，但组织发展之后，在逐渐来临的大规模战斗中，却更需要“万人敌”，“一人敌”的作用已经被降到了最低限度。古人称“兵法”、“计谋”为“万人敌”，熟读“万人敌”，并将其灵活应用，则非读书人不能办了。这种局部的、战术上的作用，还是“小焉者”，而更重要的，读书人因为鉴往知今，又对山川地理形势了然于心，所以他在组织发展的方向，也就是“路线”和“战略”问题上，其发挥的关键性作用，更非武人能比。

以上所说，都是有历史根据的。正面的例子，早的，像刘邦之有张良便渐渐兴旺，这是世人皆知的例子。后来到了明末，李自成和其他造反武装一道起事，起初也显不出什么特殊的地方来，就是打不赢就跑，打得赢就劫掠一番，然后又去寻找新的目标，周而复始，宋献策、牛金星、李岩等“秀才”的加入，却使李自成的武装渐渐有了亮点。这些读书人劝李自成说，像你这样做哪能争取人心，哪是图大事的样子呢？在读书人的指导下，“吃他粮，穿他粮，开了大门迎闯王，闯王来时不纳粮”的口号在百姓中众口流传，李自成于此争得民心，并一路“雄起”，直到攻破北京。反面的例子也有不少，早的可以举与刘邦同时的项羽，自从走了范增，就每况愈下了。而就在宋江起事的同期，也有因不用读书人之策而失败的例子，这就是方腊的武装。宋人一部笔记《独醒杂志》记载：当方腊刚刚攻下杭州，也就是其势力最盛的时候，一个叫吕将的“太学生”（相当于今之国立大学的学生），给方腊出主意，说您不应满足于占据杭州这繁华之地，而应该趁势直捣南京，“收其赋税，先立根本，徐议攻守之计，可以为百世之业”，如果只准备攻破一个城子，抢得一些金银财宝，那就不是干大事，而是做强盗了。方腊不以吕将之计为然，不久就失败了。

如上所举，几个秀才给方腊和李自成出的主意，几乎都是对全局发展有决定性影响的。而一个失败，一个大获成功，足见秀才的作用了。因此，我们固然可以说“秀才造反，三年不成”，但还有必要接着这句话再加一句，曰：没有秀才，万万不成。

作为梁山这个江湖组织中极为稀缺的读书人，吴用在梁山中的作用，是有目共睹的；吴用也正因其作用，而奠定了他在梁山大军中核心领导人之一的地位。然而这里有一个问题是需要辨明的：吴用的作用，究竟不过是局部的、战术上的，还是战略上的，对梁山发展有决定意义的？

有小术无大智

先来看一下吴用运用智谋的几个最光辉的“杰作”。

智劫生辰纲。从密谋定计到最后得胜归来，作为决策人，吴用可以说几乎考虑到了每一个细节，从战术上讲堪称尽善尽美。但透彻地说，这时晁盖等人做的还纯是强盗的勾当，智囊吴用聪明，也没能提供一个相对长远的规划。计谋成功，也不过满足于分赃，然后喝酒快活而已。

三打祝家庄，吴用有一个所谓“双掌连环计”，其实说破了也稀松平常，就是让投诚过来的提辖孙立，钻到祝家庄当内应罢了。在中国的战史上，运用这一类计谋的例子真如恒河沙数。我等奇怪的倒是，以祝家庄武教头栾廷玉的久经战阵，在大敌当前的关键时刻，面对那么大一帮全副武装的汉子叩关，怎么可能仅仅因为领头者是久已失去联系的同门师兄弟，就轻易相信并委以重任？这个破绽不仅太大，而且可疑。退一步说，尽管这个所谓“双掌连环计”最后奏效，而像这种对地方民团的战斗，对一支造反武装来说，也根本不是什么有决定意义的大战役。

智赚卢俊义。我前面在《卢俊义是怎样聪明起来的》一文中已经分析过，卢俊义之所以糊里糊涂就着了吴用的道儿，实际上并不是吴用的计谋有多么玄妙，而是卢俊义因为一生太顺利，乃大骄傲，过于骄傲的人，是常常会把智商降到一个很低水平而不自知的。吴用设计将卢俊义赚上山来，让梁山有了一个勇冠三军的好汉，使这个江湖组织产生了一个“二把手”，表面看来，吴用的这一计似乎应该算是对梁山的发展有决定性意义了。其实并不然，卢俊义在梁山的领导地位只是一种名义，在梁山决策过程中作用甚微。读《水浒》的人也都清楚，卢俊义虽然堪称梁山第一条好汉，但自从他上了梁山，除了首战奏功，生擒了射杀晁盖的史文恭外，并没有多少特出的贡献。

……

以上都要算是吴用的“大手笔”，但平心而论，也许在局部上颇显机巧，却都谈不上有什么重大的战略意义。当然，吴用毕竟是梁山上最聪明的人之一，他的聪明几乎是无处不在的，大到一场战争，小到处理梁山纷繁的人际关系，都要特别借重这个秀才的头脑，即如赚朱仝上山，让李逵劈死小衙内，据李逵的交待，这都还是吴军师的亲自部署呢。细心考察，吴用的聪明多数时候就是表现在诸如杀死小衙内让朱仝无路可走的事情上，这表明了吴用斗智的一个重要特点，即受中国传统权谋文化的熏染太深。中国传统权谋文化可以“三十六计”为代表，充满了血腥和狠戾的气息，几乎每一计都是“只问目的不问手段”，而不管计谋的成功后面，会有人付出怎样的代价。稀有人性光辉映照的传统权谋文化，在中国历史上开出了一朵灿烂的恶之花，吴用浸泡于其中，视自己之外的任何人为工具，对世界上的一切全无丝毫的敬畏之心。那个可怜的小衙内，还只知道朱仝的长胡子好玩，就死在了吴用的妙计之下，这又有什么可以奇怪的呢？

吴用到底只是三家村中一学究，固然聪明极了，究竟缺乏远大的眼光和宽广的胸怀，没有大智慧，所以只能以一点“小术”扬名于江湖。关于这一点，我们只要看看梁山几乎一直没有什么战略上的部署就够了：梁山大军始终坐困梁山泊一隅，满足于打家劫舍，偶或攻城掠寨，也是抢了就走。梁山上汇集了二龙山、桃花山等各路人马，但梁山的本质依然和这些占山为王的山大王一样，缺乏一种积极进取的精神。在梁山何去何从的“路线”问题上，吴用也是风吹两面倒，拿不出符合当时客观情势、有战略眼光的决策，所以，他开始似乎对招安怀有戒心，而宋江一坚持，他也就跑到了宋江那一边，可见他只擅长于局部斗

智，却缺乏对大局进行深刻分析的能力。梁山接受招安之后，在那种险恶的形势下，我们既未看到这位智多星在困境之中纵横捭阖，也不见他对宋江连续损耗实力也就等于自取灭亡的做法提出异议。

概括说来，梁山大军中的吴用，比不上李自成的宋献策和牛金星，就是和他同时的那个向方腊献计的太学生吕将相比，也要逊色多了。

《水浒》作者既给吴用安上了“智多星”的绰号，却又让其本名谐音“无用”，不知其中是否有一些深意。如果有的话，那他定然和我一样，也是慊叹于吴用“有小术无大智”的吧？

被裹挟的陶宗旺们

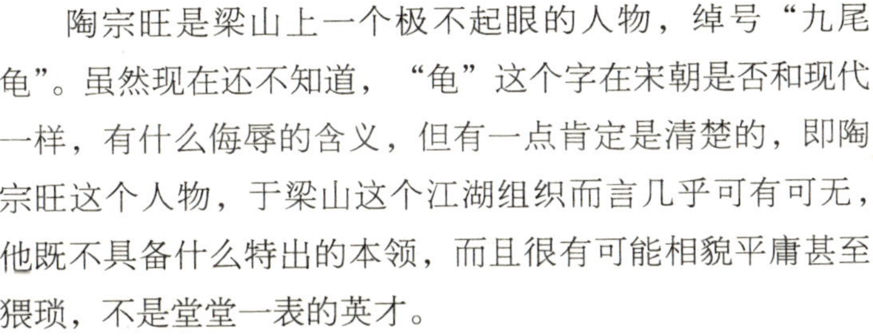

陶宗旺是梁山上一个极不起眼的人物，绰号“九尾龟”。虽然现在还不知道，“龟”这个字在宋朝是否和现代一样，有什么侮辱的含义，但有一点肯定是清楚的，即陶宗旺这个人物，于梁山这个江湖组织而言几乎可有可无，他既不具备什么特出的本领，而且很有可能相貌平庸甚至猥琐，不是堂堂一表的英才。

陶宗旺的出场就颇具滑稽色彩。“摩云金翅”欧鹏带着一帮子人在黄门山落草，麾下有三条好汉，第一个是落弟举子出身的“神算子”蒋敬，第二个是“闲汉”出身的“铁笛仙”马麟，第三个就是陶宗旺了，书中说他“庄家田户出身，能使一把铁锹，有的是气力，亦能使枪抡刀”。古往今来的兵器谱上，似乎都没有“铁锹”的位置，作者给陶宗旺安排一把铁锹当兵器，虽然与其出身契合，也许真能熟而生巧，但哪是走马江湖的架式呢？当日陶宗旺居然就是挥着一把铁锹对来往客商大吼一声：“此山是我开，此树是我栽，要从此路过，留下买路财！”还不用作者细加铺陈，我等对这一幕略想一想，就要忍俊不禁了。

上了梁山的陶宗旺在一百单八将的英雄座次中，排在七十二个地煞星中的第三十九位，其职责是“监筑梁山泊一应城垣”，算是充分发挥了此人“有的是气力”的长处。尽管我在前面《梁山泊座次之谜》一文中，分析了这次权力分配中存在的多种纠葛因素，但对像陶宗旺这样没有宗派背景，也不是各方都要争着借重的人物，宋江的安排看来是“人尽其才物尽其用”了。“庄家田户”出身的陶宗旺，在英雄济济的梁山上，除此之外，还能做些什么呢？

本身是庸人，别人都不看重，在江湖组织中作用也甚微，难道这样一个人物，就真的不值得后世读者品读一下吗？不是的。其实陶宗旺在梁山上的地位是相当独特的，张恨水先生就说梁山诸人，“真正以农家子参与者，则止一陶宗旺”。在我看来，《水浒》作者在专与主流社会对抗的梁山，安插进一个“真正以农家子参与”的陶宗旺，很可能大有深意存焉。

陶宗旺为什么落草？

梁山上只有一个陶宗旺是“真正以农家子参与”，这是意味深长的。如果同意这种判断，那么我们过去那种把宋江造反界定为“农民起义”的做法，就站不住脚了：梁山大军的组织和领导者中，晁盖、卢俊义是地方豪绅，宋江是小吏，吴用是三家村的学究，是游民知识分子，而其追随者中，也不过只有一个陶宗旺是正宗的农民，这样一群人啸聚起来，打家劫舍，我们却视其为“农民起义”，这未免太荒唐了一点。

像梁山这样与主流社会和主流价值对抗的组织中，真正的农家子反倒是一个稀缺品种，这在历史上并不奇怪的。先看一看这些组织的领导者。秦时的陈胜虽然耕过田，但他起事的时候，身份是被朝廷征调的军人；唐时的黄巢是久试不弟的读书人；宋时的方腊，史书上说他“家有漆林之饶”，大概是一个经营工商业的小老板；明时的李自成，原来是驿卒，后来遭遇裁员，算是失业军人；……再看最初的追随者，其中往往都是和领导者过从甚密趣味相投的人，也不可能有多少真正的农家子。而只有在这样一个人际圈中，一个蔑视主流价值，为主流社会所不容的人，才会在其追随者中，特别具有马克斯·韦伯所说的“克理斯玛光环”。当然，随着组织的扩大，组织的辐射能力空前得到加强，而组织的扩大又同时意味着社会秩序的进一步崩解，两种力量的一进一退中间，越来越多身份不同诉求各异的人群被裹挟了进来，其中也会有一些真正的农家子。但如果要对组织中的种类进行准确划分，那毫无疑问，农民还是人数最少、力量最小的一个人群。

与主流社会对抗的组织中，虽然很多常常打出“农民起义”的旗帜，但实际上真正的农民很少，这是为什么呢？可以试从两方面分析。首先是历史上的农民都是守着一块土地，聚族而居，受宗法观念束缚最深，不仅为了自己，也为了家庭乃至家族的利益，他们就不愿也不敢反抗；其次是历代统治者只要绝非昏庸而兼残暴，就知道把农民紧紧绑在土地上的妙用，所以历代都很注意抑制土地兼并，一般不会发展到农民失去“土地”这个栖身之所和谋身之资的危险地步，朴厚的农人只要还有土地，就不会绝望，那为什么要铤而赴险呢？所以，中国的农民是非常能够隐忍的，官可以贪，吏可以横，只要还有一口饭吃，他们就仍然还能安分守己地默守在这块祖祖辈辈留下来的土地上。以致有的统治者对此都要忍不住感叹“多好的农民”了。

“只要还有一口饭吃，他们就仍然还能安分守己地默守在这块祖祖辈辈留下来的土地上”，现在，他们中的一员——陶宗旺却不愿意继续安分守己了，而是扛着一把铁锹，加入到了造反大军中。

陶宗旺为什么落草？

对这个问题，《水浒》一书表面上缺乏交待，但既然作者没有叙写陶宗旺的任何劣迹，那我们还是应该把陶宗旺看作中国朴厚农民中的一分子，并尝试依据历史的经验，同时考虑宋朝的事实，进行分析。宋朝立国之后，因为既要备重兵提防窥边的外敌，又要大力优待读书人和文臣，提高其待遇以抑制武人，这两项都是要耗费大量银子的，而政府又非“下金蛋的母鸡”，所需的“羊毛”还得出在“羊”身上，就只有加重赋税盘剥一途了。所以，宋朝农民的负担是极重的，远远超过唐王朝，这是陶宗旺们面对的一个普遍的现实。然而仅此似乎还不足以逼得陶宗旺丢下土地去落草，那么我们可以推测，陶宗旺在背负沉重赋税，几乎喘不过气的同时，生活中肯定还遇到了另外一些很大的难题。如果说赋税负担已经接近了农民陶宗旺承受压力的临界点，那么这些难题就像压垮骆驼的最后一根草，终于让陶宗旺对正常的市井生活彻底绝望，感到非落草不足以生存，只好一走了事。究竟是什么样的难题呢？依据历史的经验，只能是地方官吏的横暴。

陶宗旺要逃离中国农民最钟爱的土地，选择的却是欧鹏他们占据的黄门山，这似乎显示了他当时逃离的紧迫性，因为欧鹏他们纯粹依靠打家劫舍，没有什么诱人的口号，“胸无大志”，而且几个头领本事低微，黄门山本来不是一个理想的栖身之所。然而对陶宗旺而言，只要有一口饭吃，没有官吏的凌逼，他哪里还会有什么更高的要求？黄门山对陶宗旺来说，已近乎一个桃源乐土，更何况是后来的梁山泊呢？

陶宗旺是一个象征

梁山上只有一个陶宗旺，但这个陶宗旺却有着非同寻常的意义。

陶宗旺是一个象征。

对梁山而言，陶宗旺的存在，表明了这个组织的巨大包容性，可以对陶宗旺的同类起到很好的示范作用。不论后世的历史学家给梁山这样的江湖组织赋予多么堂皇的意义，但回到历史现场，却不能不承认，朴厚、谨慎的陶宗旺们，原本对梁山这样的组织是非常抵制和排斥的，他们呼其为“贼”、“强盗”，并不一定是在官方胁迫之下的无奈之举。可是，梁山上因为一个陶宗旺，对陶宗旺们无形之中便有一种亲和力了。如果梁山上的陶宗旺还能拥有和享受乡人们做梦都想不到的一些东西，那就还具备了强烈的心理暗示作用，这样，更多的陶宗旺们就会被裹挟进来，汇聚到向主流社会和主流价值示威的洪流中，这对梁山这样的江湖组织绝对有利无弊。

对主流社会而言，陶宗旺之逃离土地而奔赴梁山，表明这个社会已经到了非常危险的边缘，这是一记响亮的警钟。前面说过，像陶宗旺这样的人，只要还有一口饭吃，他就不会丢下世代相守、自己最钟爱的土地，而现在陶宗旺的逃离分明显示，他已对“还有一口饭吃”完全不抱任何希望了。一个社会只要还略有知觉，对此就必须追问：究竟是什么让陶宗旺失去最后的一丝希望？像陶宗旺这样的人，整个社会中还有多少？……追问的目的是为了赶快找到解救的措施，加紧社会的自我更新和改造。如果一个社会对陶宗旺的逃离完全不以为意，一点儿知觉也没有，或者只知道用强大的机器大加挞伐和征讨，却根本缺乏一种自省的勇气，那就只有一个结果，即激起越来越多的陶宗旺们背离这个曾经是主流的社会，而“背离”将不仅是身体上的，更是心灵上的。陶宗旺们都要背离了，其他阶层又会如何岂非不言而喻？于是，如此一来，这个曾经是主流的社会，其崩解之期也就指日可待了。

事件：腥风伴血雨

十字坡上的冤魂

据说唯英雄能识英雄，能敬英雄，所以，即使武二郎害了虐疾，病恹恹地在柴进的庄上苦熬时光，宋江还是一眼就看出来了，这是一条好汉。可是，英雄的脾气和个性往往是不能按常人的思维去理解的，英雄固然常常能够识拔英雄，也难免会因各自头角峥嵘互不相下，乃至一言不合拔刀相向。然而英雄又毕竟还是英雄，哪怕是拿性命相搏，斗到最后终于知道不过是误会，大水冲了龙王庙，于是“兄弟，咱俩一伙”，便前嫌尽释，在大块吃肉大碗喝酒的快意中唱响笑傲江湖曲。

这样的英雄会是《水浒》中屡见的。那一回书中，武松为兄报仇，闹出人命官司，主动投案自首，结果发配孟州，和两个押解的公人路过十字坡张青、孙二娘夫妇的黑店时，就演出了这样一场不打不相识的英雄会的好戏。这样的场面作者写来舒畅，读者读来也觉侠气满纸，痛快淋漓。后来《水浒》被拍成电视剧，编导还煞费苦心地为剧情配上了气势豪迈的音乐。于是观众便在一种迷醉中为英雄们鼓掌欢呼，庆幸英雄识英雄，艳羡英雄们的快意恩仇。

只是，当此之际，可曾有人想起十字坡上的冤魂？

“冤魂”二字绝非危言耸听。先看看这张青夫妇的来历。张青自述“原是此间光明寺种菜园子”，也算是穷苦大众出身了，可是此人却十分暴虐，仅仅“为因一时间争些小事，性起，把这光明寺僧行杀了，放把火烧做白地。”张青和僧众的冲突似乎与鲁达相似，不过，下级军官鲁达再好酒胡闹，把五台山弄得鸡飞狗跳，却从来没想过要对那几个念佛的和尚痛下杀手，对管教他的长老也始终不失礼数，所以鲁达大闹五台山上演的是喜剧，而面对张青的光明寺的僧人则就太不好玩了，居然还会丢掉性命！因一点小事就杀了人放了火的张青从此靠“剪径”为生，后遇孙二娘那原来也靠“剪径”谋生的父亲，又是一出“英雄会”，打斗一番，对上“咱俩原来一伙”的暗号后，张青入赘为婿，娶了孙二娘，在十字坡上开了这家酒店。可以看出，虽然张青的阶级出身足够光荣，但其个人品性是很成问题的，即使不以所谓的封建礼法的标准来要求，只是用一个安分守己百姓的眼光衡量，一般人等也会对张青大感恐惧。一言以蔽之，张青整个儿就是一“流氓无产者”的典型代表！这样一个张青，和“剪径世家”出身的孙二娘结为夫妻，开一家酒店，其酒店的性质还用得着去问吗？果然，书中张青一席话说得明白，这酒店名义上“卖酒为生”，“实是只等客商过往，有那入眼的，便把些蒙汗药与他，吃了便死，将大块好肉，切做黄牛肉卖，零碎小肉，做馅子包馒头。小人每日也挑些去村里卖，如此度日”。我们通常所谓“黑店”，不过以勒索欺诈客人为能事，都是要钱不要命的，最厉害的也不过对不服气的客人来一场群殴，伤几条胳膊断几条腿，可是张青的酒店却是钱命都要，誓不留活口，甚至连死尸都不放过，还要做成人肉包子，非将其价值榨取殆尽决不罢休，黑店真是“黑”到家了！

而就是这样的黑店，却似乎很少让《水浒》的读者生

出恐惧和厌恶之心，在梁山一百单八将中，我们也一向把张青夫妇和林冲鲁达等同看待，视作勇于反抗恶势力的英雄人物，孙二娘更因其性别，一度被戴上了更多更高的帽子。这样一种结果，如果以张青夫妇的行为来对照，委实太让人困惑了。仔细探究，不难发现，原来许多人抱有这样的心理：张青夫妇所开的虽是黑店，只要它只是对恶人下手，以暴制暴，又有什么不好呢？且不说一个恶人是否就应该遭到这样残酷的惩罚，这样残酷的惩罚是否又应该由张青夫妇来执行，就是所谓张青夫妇只对恶人下手的猜测也是严重的误解，是一种对草莽人物的想当然。

十字坡的黑店的确有一些越过常轨的地方，比如张青就立下了三条奇特的规矩，要求孙二娘对三类人网开一面，三类人分别是："云游僧道"，"江湖上行院妓女之人"，"各处犯罪流配的人"。除了妓女，张青是怕对她们下手毁了江湖上的名声，另两类大概是他心目中可能隐藏英雄豪杰的，至于这三类人以外的其他各色人等，则无疑全不在怜惜之列了。试问，那些不幸没做皮肉生意，没犯过法没被官府流配，又非僧非道的人物中，难道就都是活该送命的"恶人"吗？黑店重点针对的是"过往客商"，如果不对宋朝民众的基本道德水准诋毁太甚，想来这些客商中多半还是以本分生意人居多，却糊里糊涂地断送了生命，你说冤是不冤？其实就是张青拟订的"三不杀"的制度，在实践中也并没有得到很好的遵循，鲁达是僧人，就差点被孙二娘剥了，还有一个"头陀"，张青回来迟了一步，已被"卸下四足"，至于武松，明明是被差役押解的犯人，应在黑店的"赦免"之列，但因孙二娘见他"包裹沉重"就"一时起意了！"看来，决定杀还是不杀的一是看其包裹沉不沉，二是看是否杀得过，武松之所以不死，实在只是因其精明和勇武，孙二娘起了杀机，却终究杀不过也。

幼时读书，读至此处好生奇怪，想那武二郎讲究恩怨

分明以眼还眼，现在他差一点就“人为刀俎我为鱼肉”，为什么却没有表现出丝毫愤怒？更重要的是，武二郎向来是作者安排的除暴安良的血性男儿之典范，在他身上寄托着弱者们希望扫尽天下不平事的理想，可是现在张青夫妇已明白陈述了黑店杀人越货的事实，他自己的亲身体验也足以证明，在他之前，定有无数像他这样，只是路过此地讨碗酒喝的人，不明不白地做了屈死之鬼。武松也理应清楚，在这样纯粹劫财害命的勾当中，即使是连江湖人所讲的道义也是一点儿都谈不上的，也就是说，张青夫妇所为早已越过了“盗亦有道”的底线，然而，我们那个象征锄暴安良的打虎英雄武二郎，怎么对这一切竟是不闻不问毫不怜惜，相反还与张青推杯换盏称兄道弟起来了呢？后来经事既多，渐渐悟出来了，这是一种奇特的英雄观在起作用，在像武松、张青这样的人眼里，不安分者敢下辣手者方可称英雄，一个人循规蹈矩老老实实，就是庸夫愚妇，就是群氓之一，天生应该默无声息地供英雄驱策，如果幸乎不幸乎被英雄踩踏到了，断送了老头皮，简直就是活该如此。昔人说“惟大英雄能活人杀人”，意思是英雄自有支配他人生死的权力，被支配者是无权置喙的，读懂了这句话，当然也就读懂了十字坡上这奇特的一幕英雄会。

英雄当然是懂得怜惜英雄的，尽管武松差点成了孙二娘的案头之肉，但一番打斗之后，相互探清了底细，确认双方都是同一类型之人，马上便能换帖子拜为兄弟，武松还能谦恭地说一句“甚是冲撞了嫂嫂，休怪！”在这样一种英雄观的支配下，英雄打后相识，喝酒，换帖子，纵谈江湖，都是多么快意的事啊，在这种氛围中，要让武二郎想一想十字坡上的那些无数冤魂，甚至指望他代这些冤魂向惨剧制造者兴讨伐之师，伸张一下正义，实在是太难为武二郎了。可笑武松在与张青夫妇推杯换盏之际，还大言不惭地劝慰在一旁吓傻了的两个公人，说什么“我们并不肯害为善的人！”

我一直想不明白的还有一个问题：《水浒》流传数百年，读者如恒河沙数，为什么至今绝大多数读者还是为这一段英雄会而欢欣鼓舞？为什么至今不见有人提醒我们注意英雄会后的冤魂？这是一种怎样的阅读心理和集体无意识？究其实，在绵延数百年的读者群中，多半还是武松张青们看不上眼的庸夫愚妇，他们难道不知，为这出英雄会助兴增色的冤魂的绝大多数正是自己的同类，从某种角度说其实正是自己？

英雄会的尾声，张青引武松到人肉作坊里参观，“见壁上绷着几张人皮，梁上吊着五七条人腿”，菜园子张青明显有在新结识的兄弟面前炫耀手段的意思，可惜打虎英雄武松终究见多识广，全无表示，为这样的景象瞠目结舌的倒是我辈读者，我们真不能不佩服张青夫妇人尽其才物尽其用的精明：沉沉的包裹到了张青夫妇手中，人肉做成了包子，人皮被绷制，人腿也被腌干吊了起来，想必都各有用场，这些冤魂的价值利用得何其充分！在我之前读《水浒》的人中，倒也有一个特别注意了这几张人皮和五七条人腿，他就是明末清初以批点小说诗文出名的怪杰金圣叹，当年金圣叹批点到这一段时，分别在这两句话后面批了个“妙”字，现在我们自然无法起金先生于地下，向他请教这两句毛骨悚然的话究竟妙在何处了，但我有一个基本的判断，这就是：如果我们现在仍然为这段英雄会的故事简单地大鼓其掌，老实说，那几乎可以证明我们的思想和观念还停留在金圣叹的时代。

“敢笑黄巢不丈夫”

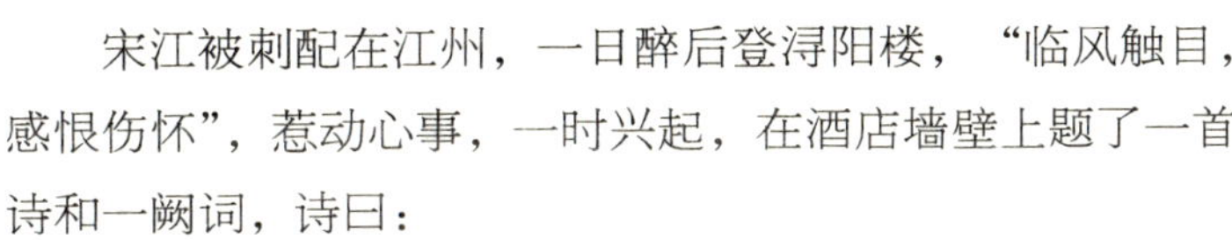

宋江被刺配在江州，一日醉后登浔阳楼，“临风触目，感恨伤怀”，惹动心事，一时兴起，在酒店墙壁上题了一首诗和一阙词，诗曰：

心在山东身在吴，飘蓬江海谩嗟吁。
他时若遂凌云志，敢笑黄巢不丈夫。

这就是后来被黄文炳指为“反诗”的一首七绝。如果相信古人所说的“诗言志”，那么，黄文炳的判断未必全是虚妄。这不仅因为黄巢是谁众人皆知，还因为宋江在那首词里公然宣称“他年若得报冤仇，血染浔阳江口”。

金圣叹批《水浒》，曾经对此困惑，“写宋江心事，令人不解，既不知其冤仇为谁，又不知其何故乃在浔阳江上也”。的确，探究宋江此前之行事，我等委实不知他真有什么了不得的冤仇。所谓“冤”者，理应是无辜被谤被害也，宋江几曾有过这样的遭遇？黄文炳抓住他的把柄要兴大狱，要算他个人的仇敌了，但宋江写诗时还没有发生呢。而在此前，且不说他私放晁盖，那滔天大罪无人追查，导致他直接吃官司的是因为杀了阎婆惜，这样人命关天的事最后都大事化小了，他究竟有什么冤屈？难道他还把死在自己手里的阎婆惜和苟延残喘的阎婆视为仇人？更奇怪的是，他居然把怨气撒在浔阳江上，声称要“血染浔阳江口”，江州百姓可有任何对不住他的地方？就是官府，在他写“反诗”之前，因为有节级戴宗的法外施恩，宋江的发配生活不是仍然过得有滋有味，还可以到处乱转，喝酒题诗吗？

考察宋江的心事，应该把这一诗一词合而观之。宋江为什么有“血染浔阳江口”这样暴虐的志向，又为什么要笑黄巢不丈夫，无疑是有一种心结的，而正是这个心结，使他把自己和黄巢联系起来了。

这个心结是什么呢？笔者以为就是“科举”。

黄巢这个人，《新唐书》和《资治通鉴》上都说他“善骑射，喜任侠，粗涉书传，屡举进士不弟，遂为盗”，都认为黄巢起兵造反的原因是在科举考场上失利，郁闷不平。也许有人会不以这种记载为然，但《水浒》中的王伦，不就说是因为考不上秀才，“憋不住鸟气”，才上山落草的吗？也许这还只是小说家言，那么到了中国近代，就又有人鲜活地证实了这种判断，这个人就是“多次到广州考秀才，都没有考上”的洪秀全。

至于《水浒》中的宋江，虽然没有明确说到其是否应举，但据他自己所说，“自幼学儒，长而通吏”，和当时宋朝举国尊崇读书人的社会氛围，很难想象宋江既然是“自幼学儒”，却又不想去博得一个科举的所谓“正途出身”，很难想象像宋江这样怀有志向的人，会甘心屈沉下僚，满足于当一个小吏。按我的判断，宋江要么是和黄巢洪秀全一样，屡考不利，终于失望，要么是对自己文才的自信心不足，连考场都不敢上。

考场上失利的人很少有不怨恨考官偏心或干脆认为其

有眼无珠的；即使是连考场都不敢上，也并不妨碍宋江他们有另外一种自信心，即认为自己虽非文曲星，但定国安邦之才还是有的，如果说考场的宠儿是小才，那他们理应是大才。无论是“怨恨考官偏心或干脆认为其有眼无珠”，还是“认为自己虽非文曲星，但定国安邦之才还是有的”，面对社会捧抬考场宠儿却冷落自己，黄巢宋江们都会有怀大才而不见用的憋屈之感，也就是宋江所慨叹的“名又不成，利又不就”，安能不生起一股愤怒之火？

对黄巢、宋江、洪秀全们与科举制度的这种纠葛，今人多采取同情的视角，认为适足暴露了科举的根本缺陷，证明这是一个僵化的、压制人才的制度。然而，如果我们肯放弃先入为主的态度，不是简单的以今例古，而是回到历史现场，就不得不承认，黄巢、宋江乃至后来的洪秀全们在科举考场不得志实为一种必然。

如果黄巢宋江成为科举宠儿

对历史上存在的各种制度，钱穆先生认为有两种意见，一种是“历史意见”，指制度实施过程中有关各方意见之反映，另一种是“时代意见”，指后代人单凭自己所处的环境和需要，对历史上已往各项制度的看法。在钱穆先生看来，“时代意见并非是全不合真理，但我们不该单凭时代意见来抹杀以往的历史意见。”如果肯少用“时代意见”，多参考“历史意见”，就得说，今人痛批的科举在当日自有相当的合理性，它是应运种种人事需要，经过长期酝酿逐渐成熟的，堪称那时选拔人才的一项先进制度。当然，世界上从来没有一项完美无缺的制度。科举考试只是确定人才的标准之一，它的好处是把这种标准清晰化了，避免了许多暗箱操作，缺点是过于程式化了，很可能埋没一些真正的人才。然而我们试问，有哪一种选才制度能够保证所有人才都脱颖而出？

今人还常常想当然地认为，科举考场上肯定请托风盛行，考官徇私舞弊严重，揆诸实际，这也是相当不公平的。唐以后，除蒙元政权外，所有最高统治者都是最看重这个“抡材大典”的，对考场舞弊行为的惩罚也最为严厉，即使是亲贵也毫不宽贷，虽然还不能保证就没有漏网之鱼，但不能不说，旧时科举对平民知识分子而言，是进入上层阶级最公正、最有效的方式。就科举的游戏规则而言，固然可能遗漏一些真正的人才，但一个缺乏应对规则能力的人，却很难成为考场上的成功者。

黄巢们是科举的失败者几乎是一种必然。黄巢、宋江、洪秀全等人虽然留下的文字不多，但从这些不多的文字可以得出一个结论：对科举考试，他们要么是对其游戏规则十分蔑视，不愿意上心，要么根本缺乏应对规则的能力。这样的人在考场上失利，只能说是科举选材的题中应有之义，如果他们成为考场上的宠儿，反倒才是一件荒谬的事，那对所有寒窗苦读、付出了难以想象之代价的书生来说，未免太欠公平了。

用什么来证明自己

心理学家分析，人都有彰扬自己的欲望，特别是对一个自视甚高的人来讲更是如此。而黄巢、宋江、洪秀全们偏偏就是心高气傲的人物。在他们看来，科举羞辱了自己，他们亟需要用一种东西来证明自己的力量。幸乎不幸乎，旧时代给予知识分子彰扬能力的途径过于狭窄了，不能像今人这样，上不了大学，就去商海闯荡，他们往往只好走上一条为旧伦理所不容的道路。而要命的是，在黄巢、宋江、洪秀全的时代，秩序失范的现实更刺激了他们的雄心。

决不是所有在科举中败北的读书人都有证明自己能量

的机会，更多的人只是周而复始地读书、再考、再读书，结果老死牖下。有一些人等到了机会，却未必会有足够的胆略。黄巢、宋江、洪秀全正好什么都不缺。

黄巢、宋江、洪秀全们等到了证明自己非凡能量的机会，这于其个人而言，是幸运还是不幸，当然只好让他们自己去判断了，这有点像那个鞋与脚趾头的比喻。而对于很多不相干的人来说，却往往意味着颠沛流离甚至流血杀身。曾经有一个时期，我们喜欢在黄巢、宋江们身上赋予太多的光环，却很少有人追问：为了显示自己的能力，就必须让这么多并不相干的人付出这么大的代价吗？

自视过高的人是不能被随便羞辱的，尽管羞辱黄巢们的是制度而不是某一个人，但他们的怨毒情绪却只能撒向每一个活生生的个体。历史有眼，在让历史学家进行宏大叙事的同时，还留下了他们充满怨毒情绪的片言只语，足够我们揣摩。黄巢据说留下了两首咏菊的诗：

> 飒飒西风满院栽，蕊寒香冷蝶难来。他年我若为青帝，报与桃花一处开。
>
> 待到秋来九月八，我花开后百花杀。冲天香阵透长安，满城尽带黄金甲。

这后一首的题目就是《不第后赋菊》。读惯古来菊花诗的人们，都会为这样两首充满骄矜和杀伐之气的诗歌而惊诧。只有后来在长安上演了“天街踏尽公卿骨，内库烧为锦锈灰”（出自韦庄《秦妇吟》诗）的人间惨剧后，你才会读懂“冲天香阵透长安，满城尽带黄金甲”的深意。宋江则还要笑这样的黄巢不是丈夫，因为他的志向更显豁，明明白白是要“血染浔阳江口”的。至于后来的洪秀全，则赋诗宣称自己“手握乾坤杀伐权，斩邪留正解民悬”，手握杀伐权，能够随便进行“斩”、“留”是显而易见的，

“解民悬”云云，则不说也罢！

当日宋江带领梁山大军擒获了通判黄文炳，质问：“你既读圣贤之书，如何要做这等毒害的事？”然后众好汉“割一场，炙一块，无片时，割了黄文炳”。生吃对手，即使是在梁山这个江湖组织中，似乎也不多见，宋江对黄文炳的怨毒之深，除了黄文炳这厮总能看破宋江的伎俩，竭力主张严厉镇压外，难道与黄文炳的“正途出身”没有一点关系吗？

遗嘱背后的“义”和“利”

晁盖是《水浒传》中一个让人困惑的人物。梁山好汉之发迹，始于智取生辰纲，而做下这桩惊天大案的为首者，正是那东溪村保正晁盖。想那晁保正登台亮相何其雄也，“晁盖独霸在那村坊，江湖都知他名字”；夺取生辰纲，又是何等运筹帷幄指挥若定！直到上了梁山，虽手段不甚光彩，其坐上寨主之位倒也名至实归。可是在此之后不久，晁盖的光芒突然黯淡了下来，这一切都缘于那个郓城小吏宋江。

人们凭直觉知道，自从宋江上了梁山，在这样一支向来以“义”字相号召的造反队伍里，在这第一、二把手之间，肯定有什么不对劲儿的地方，然而不知作者是有意掩藏，还是笔墨照顾不周，人们看到的始终是那么一番“兄弟怡怡”的场景，很难发现二人关系变僵的事实。批《水浒传》的金圣叹也是不满宋江的，他也认为晁盖被宋江架空了，所举的唯一例证是宋江每逢厮杀便不让晁盖上阵，但在持平常心的人看来，这不正是表示一种对兄长的爱护吗？

《水浒传》的作者毕竟是大手笔，他仿佛不经意地让晁盖留下了口头遗嘱，而这正是窥破晁、宋二人关系实质的关键。

晁盖遗嘱的字里字外

晁盖攻打曾头市，中了教师史文恭的毒箭，回到山寨，在众人的环顾中，“转头看着宋江，嘱咐道：‘贤弟莫怪我说：若哪个捉得射死我的，便教他做梁山泊王。’言罢，便瞑目而死。”

初看起来，这道遗嘱倒也稀松平常，但字里字外实极富深意。先看它字面上的意义，晁盖要求亲手为他报仇的人才能继承他的位置，这既是江湖中人的固有作风，也符合恩怨相抵互不拖欠的江湖法则，晁盖说出这样一番话，梁山好汉不会感到意外，在这群快意恩仇的男人心目中，晁盖理当如此，也只有履行了为旧主报仇义务的人，才具备了坐寨主之位的合法性。从字面上看，晁盖的遗嘱让人挑不出任何毛病。但这里有一个问题：新寨主为晁盖报仇是一种义务，可是否只有亲手捉住史文恭才算报仇了呢？领导和指挥众兄弟，擒获史文恭，算不算报仇？从情理上说，如果经过周密部署，梁山打破曾头市，捉住了史文恭，按功劳大小，这种指挥之功应该说还在亲手擒获史文恭之上。可是晁盖遗嘱分明是把这种功劳排除在外的。这就要说到这道遗嘱字里的意思了。细细品味，其要害唯在于从根本上杜绝宋江做梁山泊寨主的可能性。为什么这样说呢？想那史文恭武艺超群，梁山众好汉中，堪堪是其敌手的并不多，而能生擒之的就更稀如星凤了，何况手无缚鸡之力的宋江？按照一般的逻辑和宋江在梁山泊的地位，晁盖死后空出来的寨主宝座理应自然递补给二把手宋江，但临死前的晁盖偏偏要当着众弟兄的面，口授这么一道遗嘱，给

宋江继位横下一道他注定无法跨越的“门槛”，这不是明摆着不让宋江接班吗？这道遗嘱正如一道闪电，射穿了平日晁、宋二人“义字当头”的华丽外衣；尽管《水浒传》作者并未花费很多笔墨描摹晁、宋二人平日如何相处，但这一道遗嘱已经透出了太多意味深长的消息。

宋江对遗嘱的态度

宋江对这道遗嘱肯定是不满的，晁盖自己无疑也知道这一点，否则他就不会事先声明一句“贤弟莫怪我说”。晁盖要宋江莫怪他说，面对眼看唾手可得的寨主宝座却遥不可及，宋江又怎么会不“怪他说”呢？只是这种不满，他不会公开表露罢了。

在已故一把手遗嘱的威慑下，身受江湖法则制约的宋江只是应众人“强烈要求”，“勉强”代理梁山泊王。怎样去执行晁盖的遗嘱，这就成了宋江所面临的一个难题。现代政治学非常强调一种统治的合法性，江湖秩序的建立，也是要讲究合法性的，哪怕是纯暴力的比拼，最后成者王败者寇，仍然有一种东西在决定统治的合法性，即暴力最为厉害的人才会得到被统治者的臣服。而在梁山，要想得到统治的合法性，就不能不去打曾头市，擒史文恭，在梁山好汉面前证明自己如何坚决地执行了已故一把手的遗嘱。然而以宋江的低微武艺，又明摆着擒不了史文恭。怎么办呢？晁盖身亡之后，我们看到代理梁山泊王宋江剑锋一转，出人意料地去运用大量人力物力计诱卢俊义、攻打大名府，仿佛曾头市的射杀晁天王之仇他已全然忘却，这是为什么？应该说这是宋江面对难题所采取的一个最高明的办法，对晁盖的遗嘱，我不说执行，也不说不执行，却顾左右而他。其实这也怪不得宋江，既然江湖行走讲究一个“义”字，他宋江就不得不表面唯晁盖之遗嘱是从，但既然他明摆着擒不了史文恭，那也就只好暂时对这道老寨主的遗嘱进行“冷处理”了。如果不是曾头市不知死活，又抢了梁山的好马，宋江是否还能记起晁天王之遗恨，还会兴兵去打曾头市？金圣叹在宋江听说好马被抢大怒那一段，对宋江来了段冷嘲热讽：是马被抢重要，还是给晁天王报仇重要？你宋江为什么轻人重马？金圣叹的眼光真是锐利极了。

晁盖遗嘱成为空文

后来卢俊义生擒了史文恭，宋江推卢坐头把交椅，卢拼死不从，李逵大吵大嚷，吴用更是大使眼色，鼓动风潮，几乎形成僵局。这里，众人不服卢俊义应属事实，而宋江的谦让则还有许多讲究。晁盖的遗嘱始终是高悬在宋江头上的一柄达摩克利斯之剑，现在，既然是卢俊义生擒了史文恭，那按照遗嘱要求，事实上宋江不能不推卢员外做寨主，这是一个迫不得已的动作。宋江的真实想法如何？我们看他“拥戴”卢俊义时举的三条理由就明白了。这三条理由是：“员外堂堂一表，凛凛一躯，众人无能得及”；“员外生于富贵之家，长有豪杰之誉，又非众人所能得及”；“员外力敌万人，通今博古，一发众人无能得及”。这三条理由的奥妙在哪里呢？全是扬卢俊义而抑众好汉的，在刀尖上讨生活的人，怎能服气？这不是人为挑起众人对卢俊义的不满吗？更有玄机的是，卢俊义如果坐上王位，最过硬的理由应该是生擒了史文恭，不折不扣地执行了老天王的遗嘱，可是宋江对这一条偏偏视而不见！宋江之心思不是呼之欲出吗？

宋江虚推卢俊义，众人不满，卢俊义也不肯坐，于是宋江仿佛很无奈地想了一个折衷的办法，就是宋江和卢俊义各领一军各攻一地，“先打破城子的，便做梁山泊主”。从当初晁盖“哪个捉得射死我的，便教他做梁山泊王”，到

现在的“先打破城子的，便做梁山泊王主”，晁盖的遗嘱就这样成了一纸空文。这个转换的过程看上去又是那么自然和合乎情理，我辈读者不得不佩服宋江的手段！

在宋江卢俊义各领一军各攻一地的战斗中，也有很多奥妙，我将在另一篇文章《夺鼎之战》中详加分析。且说宋江如愿以偿先破城池，似乎是天意的昭示了，而违反天意是会遭到惩罚的，于是宋江“推辞不得”坐了寨主之位，卢俊义屈居次席，建立了梁山泊最新的权力架构。

有人问，在攻下曾头市擒获史文恭后，面对宋江的“拥戴”，卢俊义不肯谦让又会如何，毕竟那可是老天王的遗嘱啊。笔者不禁想起一段故事：当年刘备白帝城托孤，说如果刘禅不中用，诸葛亮可取而代之，诸葛亮诚惶诚恐。后世有酷评家说，幸亏诸葛亮识相，否则那埋伏的刀斧手是吃素的么？……不要说故事荒诞，真相也许往往就蕴藏于荒诞之中呢。

夺鼎之战

卢俊义在攻打曾头市一役中，生擒了射杀晁盖的史文恭。这对宋江吴用来说，显然是非常意外的，因为在战前的部署中，初上梁山急于建功的卢俊义请命作先锋，却被吴用以“员外初到山寨，未经战阵，山岭崎岖，乘马不便”为由，要他“别引一支军马，前去玉川埋伏”，明显是脱离了主战场，从情理上讲也就大大降低了与曾头市大将史文恭正面交锋的机会。可是人算不如天算，那史文恭偏偏夺路而逃，偏偏走到了卢俊义事先埋伏的路上，被卢俊义生擒。这样一个局面对宋江吴用来说又是非常尴尬的，因为众人皆知，晁盖有“哪个捉得射死我的，便教他做梁山泊王”的遗嘱。

在这样一种沮丧而又尴尬的局面里，按常规思维，大概只会有两种选择。一是唯老天王遗嘱之命是从，既然是卢俊义生擒了史文恭，即使心里有千万个不情愿，也让他当梁山泊王。但如果真如此思维，也就不是宋江了。第二种选择，是悍然置遗嘱于不顾，仗着深厚的群众基础，霸王硬上弓地把卢俊义推到一边，自己坐上寨主之位。但这又显然于江湖道义有亏，按现代语言叫失去了统治的合法性，难以长久服众。宋江到底是宋江，他突破了常人思维的局限，选择了第三条道路，顿时峰回路转，宛如下围棋的人在死定的一块棋中出人意外地凿了两个眼，让人惊叹。

宋江的选择是什么呢？“目今山寨钱粮缺少，梁山泊东有两个州府，却有钱粮：一处是东平府，一处是东昌府。……可先写下两个阄儿，我和卢员外各拈一处，如先打破城子的，便做梁山泊主。”这看上去倒的确是一个公平合理的办法：谁打哪座城池，靠的是拈阄，这是天意；至于攻城，当然要看实力，但宋江卢俊义各领一军，实力好像旗鼓相当，在实力相当的情况下最重要的也还得看机遇，看老天给谁的机会更多一些。在这里，宋江似乎是把王位之争的裁判权托付给了冥冥中的上天，中国人都是崇信天命的，即使是江湖豪杰。宋江如此处理，真是让人挑不出一点儿瑕疵。

宋江卢俊义各领一军各攻一城，这不是普通的战斗,而是一场决定谁为梁山泊王的夺鼎之战。在这样一场比速度的战斗中，似乎谁都不敢肯定哪一方会获得胜利，其实不然，胜负早在战斗打响前就已铸定了。为什么这么说呢？

排兵布阵的玄机

先看一下宋江卢俊义各自的人马。双方都是“大小头领二十五员，马步军兵一万，水军头领三员”，至于大将，宋江有林冲花荣等人，关胜呼延灼等则划归到卢俊义帐下，初看上去，双方实力的确不相上下。问题出在吴用身上。这智多星原是宋江须臾不能离的军师，宋江每打一场战斗，都少不了此人的奇计妙算，谁会想到，在这样一场决定谁为梁山泊王的夺鼎之战中，宋江却偏偏把这样一个足抵数万精兵的智囊让给了卢俊义。里面难道还有什么蹊跷？当然有的！宋江的这种安排，堪称一石二鸟。“瞧瞧，我把吴用都忍痛让给了卢员外，我想推卢员外当梁山泊王的心意还会假吗?”除了给旁观者这样一个大公无私的印象，更重要的是，吴用是竭力反对卢俊义而拼命拥戴宋江的，把这样一个人安插在卢俊义军中，既能随时探明对方的动向，甚至必要时候还可以起到掣肘的作用。也就是说，智多星划归到卢俊义帐下，可怜的卢员外不仅未受其益，反倒会先受其害！

而事态的发展正是按宋江的谋划顺利进行的。本来，宋江打那东平府，遇到了很大的麻烦，向“双枪将”董平劝降的两个小头目挨了一顿毒打，派到城中做间谍的史进又被原来相好的娼妓告发，打入了死牢。扭转局势的一如既往是那个原在卢俊义帐中的吴用。“却说宋江自从史进去了，备细写书与吴用知道”，明明按战前部署，吴用划归了卢俊义，理应为卢俊义效力，这一句话却把天机泄露无遗：原来吴用人在哪一方一点儿也不重要，重要的是看他愿意为谁效劳，现在吴用虽在卢俊义军中，宋江大小事情不是仍然要靠吴用拿主意吗？这与吴用在宋江军中有何区别？更耐人寻味的是，“吴用看了宋公明来书，说史进去娼妓李睡兰家做细作，大惊。急与卢俊义说知，连夜来见宋江”。吴用看出了宋江的失策，看出了史进的危险，也就是看到了宋江在这场夺鼎之战中的不利局面，一个“连夜来见宋江”充分显示了他的焦虑。可是卢俊义这边就不需要他的智谋了吗？须知，卢俊义打东昌府因为遇上了善打飞石的“没羽箭”张清，也并不顺利。而按理说，卢俊义使用他是天经地义的，宋江用他却名不正言不顺。这只能说明一点，虽然戏演得十分到位，但一旦到了夺鼎之战的关键时刻，宋江吴用等人连表面的一点姿态也顾不上了。

经过这样一番谋划，宋江对这场夺鼎之战实际上已成竹在胸志在必得。梁山好汉擒获了双枪将董平，宋江说了

句劝诱的话："倘蒙将军不弃微贱，就为山寨之主"。后来宋江如愿以偿做了梁山泊王，动辄就对那些降将假模假式地许以寨主之位，这原本是其惯用伎俩，可是现在却嫌说得太早了点，因为并未分出胜负的夺鼎之战还在如火如荼地进行之中呢，这时的宋江本来就还不是梁山泊王，凭什么将寨主之位授予他人？看来，这既是宋江好弄权术的天性之流露，同时也显示他对胜利早有十足的把握。

即使卢俊义赢了又如何

这场夺鼎之战，虽然于卢俊义而言，压根儿就是无望的。不过，从逻辑上讲，如果天照应，卢俊义并非就完全没有获胜的一点概率。今人说，有百分之一的希望，就要百分之百去争取，卢俊义在夺鼎之战中，是不是也有今人这种顽强的意志？否！卢俊义不但没有一点儿对胜利的渴望，毋宁说还显得非常消极无为。这从他对吴用的态度上就看得很分明了。吴用本来是划归他支配使用的，可是当宋江那边遇到麻烦时，却脱离卢俊义一军的战斗，"连夜来见宋江"，对吴用这种行径，卢俊义完全可以理直气壮地制止，但事实是卢俊义却在吴用和他"说知"时，没有采取任何措施，而是一副听之任之的态度。卢俊义何尝不知道吴用在这场夺鼎之战中的分量，他之所以表现得如此消极，实在是他比常人思虑得更深更远。一般人处在卢俊义的位置上，面对夺鼎之战，只会想到怎样才能去争取胜利，而卢俊义想的则是：我卢俊义即使赢了这场夺鼎之战又如何呢？

卢俊义赢了又如何？不妨试作分析。首先，这将再度把宋江吴用置于一种极其尴尬的局面中。卢俊义生擒了史文恭履行了晁盖的遗嘱，这本来就让宋江等人很不舒服了，好不容易宋江想出了让夺鼎之战的结果确定梁山泊王的招术，如果卢俊义居然又拔了头筹，宋江等人的羞愤是完全可以想象得到的。然而，那宋江吴用是梁山的地头蛇，人脉深厚，握有重兵，能力和权谋都远非那个王伦可比。当初晁盖上山让王伦尴尬，王伦还只会使些小孩子的招术，现在，新上山的卢俊义又让宋江尴尬了，难道宋江也只会效王伦之故技乎？一个人如果不知深浅，让握有强大实力的机诈善变者尴尬羞愤了，那实际上是非常危险的。卢俊义无疑就看到了这种危险性。其次，因富有群众基础的宋江在夺鼎之战中失利，梁山泊上很可能会再起风潮。卢俊义赢了夺鼎之战，虽然握有两项有利条件（即原来按晁盖遗嘱理当为王，现在又在宋江划下的道儿中获胜），也许宋江不好意思自食其言，亲自出马找卢俊义的茬儿，但李逵等宋江的忠实拥趸者闹将起来，又哪里是新上山的卢员外能够控制的？最后，再退一步，即使宋江承认自己在王位争夺战中失利，梁山众好汉也不闹风潮，卢俊义顺顺当当地登上了王位，但这个位置又哪里是卢员外坐得稳的呢？以宋江吴用的秉性，即使不公开唱对台戏，但也会消极怠工，拆卢俊义的台，领导班子都不团结了，梁山泊还能支撑多久，事业还如何发展？还有原本就对卢俊义口服心不服的宋江那群小兄弟，恐怕也会时不时给新寨主卢俊义出点难题，而卢俊义的原班人马却只有区区燕青一个，卢俊义在人力资源使用上必然捉襟见肘运转失灵。试问，处于这般困境中的卢俊义，哪怕享有寨主的名号，又怎不像有芒刺在背？

在我看来，卢俊义正是预计到了以上的图景，深知自己即使在王位争夺战中获胜，也绝不会有好果子吃，所以才表现得那么消极。我甚至怀疑卢俊义有意在配合宋江，演一出双簧。为了证明宋江之荣登宝座是天命所归，所以卢俊义必须去扮演一个宋江的对手，又必须在夺鼎之战中失败，借以烘托出一种天意。

刑讯逼供两面观

刑讯逼供，是中国法制史上的黑暗传统。允许审案者对犯人实行刑讯，一直明载于中国各代的法律条文上，只有到了清末，在立宪思潮和西方法律观念涌入的背景下，清政府才从名义上开始对刑讯进行有限的禁止。然而哪怕就是这种名义上的有限禁止，仍然遭到了非难。

为什么会有那么多人赞成甚至喜欢使用刑讯？无非有两种心理：一是认为如果不使用刑讯，那些凶蛮之人就不会老实交待罪行，就会影响办案效率，使案件久拖不决，导致积案；二是怀着一种不可告人的目的，寄希望于残酷的刑讯能够使人诬服。这样两种心理，虽然初衷有异，动机有好有坏，但毫不例外地，都是以犯人受到种种非人的虐待为手段的。所谓“三木之下，何求不得？”用犯人的辗转呻吟换来的，是办案者想要的口供。

《水浒》既然是表现一部江湖人物与国家力量抗争的书，就难免要写到刑讯逼供的场景，其中三个人的遭遇最值得玩味，就是白日鼠白胜、神行太保戴宗和宋江。

“硬汉”神话

白胜因为参与劫取生辰纲，宋江因为在狱中装疯不肯招供，戴宗因为私通梁山，给蔡京的儿子蔡九知府送假信，都受到了严刑拷打。宋江、戴宗、白胜后来都上了梁山，按照座次，分列上中下三等。梁山三种等级的好汉，在刑讯逼供面前，表现如何呢？

白胜：劫取生辰纲案发，白胜被捉进官府，白胜先是“抵赖，死不肯招”，“连打三四顿，打得皮开肉绽，鲜血迸流，……白胜又捱了一歇，打熬不过，只得招道……”

宋江：先在狱中装疯，蔡九知府无可奈何，但因黄文炳指点，说他进监狱之初并不疯，于是知府唤过狱卒，把宋江捆翻，一连打上五十下，打得宋江“皮开肉绽，鲜血淋漓”。“宋江初时也胡言乱语，次后吃拷打不过，只得招道：‘自不合一时酒后，误写反诗，别无主意。’”

戴宗：假信被黄文炳识破后，坚不承认，蔡九知府喝道：“这贼骨头，不打如何肯招？”“把戴宗捆翻，打得皮开肉绽，鲜血迸流。戴宗捱不过拷打，只得招道：‘端的这封书是假的。’”

也许会让人有些意外，梁山三个不同等级的好汉，面对刑讯，最后都毫无例外地招供了。梁山好汉向来以“硬”示人，看生命如儿戏，动不动就是“脑袋掉了碗大个疤”，而他们在刑讯面前的表现却颠覆了这种硬汉神话。怎样看待这一现象？其实并不奇怪，江湖中人视生命若无物可能是真的，在刑场上啸傲“二十年后又是一条好汉”也许未必都是装出来的，但引刀一快，只是瞬间之事，而严刑拷打则很可能是一波接着一波，短痛可忍，长痛岂可忍乎？这只是人天生的弱点。昔人有诗“慷慨赴死易，从容就义难”，对江湖豪杰，可以改动两个字，即“慷慨赴死易，从容挨打难”。

刑讯下的臣服和道德评价

宋江等三个人在刑讯面前都软了下来，是否影响了他们在江湖中人心目中的形象呢？

没有。白胜在牢里受苦，晁盖做了梁山泊王，并没有因为白胜供出了自己，便斥他为“叛徒”，而是张罗着要救他出来享福。张恨水先生曾分析白胜以元老的地位，却在地煞星中位居倒数第三位，原因可能就是因为那次招供。我以为张先生的说法未必正确，白胜排名很低，实在是其人本领低劣，而江湖又不注重资历的缘故，戴宗的例子就是一个反证，他的招供不是就没有影响他稳稳地坐在天罡星的宝座上吗？而大头领宋江，按说各方面都应该树立表率，可是他的招供在江湖好像完全被人遗忘，宋江也似乎没有这回事一般，继续心安理得地接受兄弟们最浓重的尊崇。

硬汉不“硬”了，却并没有因此就让他的同类瞧不起他，这是颇令市井中人诧异的，因为在市俗社会里，如果一个人在某种情况下，其所作所为大大有悖于他平日所张扬的，那是会被判定为一个“风派”人物，立即失掉他往日的威信。但这是江湖社会，江湖中人向来是主张不吃眼前亏的。在江湖上，很少有相对弱势的一方，在明知对方是强者的情况下，还要去主动挑衅的，但这种不主动挑衅并不意味着江湖上的弱者就会对强者心悦臣服，他只是在等待机会发起攻击。“不吃眼前亏”是江湖中人遵循的又一个法则，明知硬挺下去，除了迎来新一波更为厉害的拷打，自己什么也得不到，为什么还要坚持做硬汉到底呢？“不吃眼前亏”的另一层考量，就是他们希望以暂时的忍耐甚至臣服，换来自己最想要的结果。所以，江湖上流传两句话，叫“君子报仇，十年不晚”，“留得青山在，不怕没柴烧”。果然，在招供免去毒打之后，三个梁山好汉都笑到了最后。

用今人的眼光看江湖中人对白胜等三人的态度，也许还能看出点积极的东西：到底还是以“义”和“利”打底子的江湖组织，所以还能够“宽容”人天生的弱点。如果是今天所谓的“邪教组织”，像白胜一类人是会被视作不可饶恕的变节者的，不仅难以分享组织的盛宴，相反还会遭到严厉的惩罚。

关于刑讯的两个猜想

本文开头说过，“刑讯逼供，是中国法制史上的黑暗传统”，并且试着分析了赞成刑讯者的心理，在回顾了梁山三位不同等级的好汉在刑讯面前的表现，以及江湖组织对受不了刑讯之苦而招供者的态度后，笔者不禁油然产生了两个很有意思的猜想：

一，如果没有刑讯，白胜等人会不会招供？这个猜想几乎没有悬念，他们当然不会招的。这些平素以硬汉自居的人，绝不愿意在拷掠面前轻易低下头来，用蔡九知府的话说，“不打如何肯招？”那么他们所招供的是不是诬服，属于屈打成招呢？显然不是，也就是说，官府动用刑讯，终究还是得到了他们想要的案件真相。如此说来，难道对一个政府来说，刑讯之所以在中国法制史上绵延不绝还有其好处吗？当然不能这样说，刑讯是反人性的反人道的，这是道德评价，但在道德评价之外，我们又不得不承认，在封建王朝的那种社会环境中，官府依靠刑讯办案有一定的合理性，因为像白胜这一类人是绝对不会轻易招供的，而中国司法实践中，又绝对地重视口供。旧时办案人员还想不到，即使没有犯人的口供，依靠完整的证据链也能锁定犯罪事实。即使能够想到，以当时的条件，要想如今天这样，发挥DNA鉴定这样的高技术的作用，构成一条证据链也是事实上不可能的。

二，如果江湖组织对刑讯下的臣服者实行歧视甚至严厉打击，会有怎样的后果？江湖组织不那么讲究纯洁性，这也许是他们还能够宽容白胜、戴宗一类人，甚至宋江还能高坐寨主之位的原因之一。如果相反，梁山高度追求组织的纯洁性，纪律的严明性，那白胜和戴宗的命运恐怕就很值得担忧了。当然，这里还有一个条件，即他们的最高首领很幸运地没有被官府捕获，没有尝到那种非常人能够忍受的痛苦，所以还能够大唱高调，无视人与生俱来的弱点。梁山泊王宋江很可惜没能得到这种幸运，他也曾经屈辱地在官府的拷打之下低下了高贵的头颅，我们固然可以说，梁山就是因为这个原因宽容了白胜们，但仔细思考，这应该还不是最根本的，除此之外，还有一个最重要的因素。这个因素我认为必须归结到梁山这个组织的特点。

梁山虽然是江湖组织，但它实际上也是靠世俗的理想支撑起来的，无论是武松等人的大块吃肉大碗喝酒大秤分金银，还是宋江竭力依靠招安摆脱草寇地位以封妻荫子，都是很世俗的，而怀抱世俗理想的江湖中人，自然也就能够宽容组织中人一些很世俗的弱点了。如果宋江没有在刑讯下屈服的遭遇，如果梁山对白胜们一律视为变节者，实行歧视甚至清除，那么就可以判定，这个江湖组织已经改变了性质，不再是一个怀抱世俗理想的江湖组织，而是靠一种无视人本能和弱点的教义的支撑，以这种教义对成员严格洗脑，严厉实行“不纯洁者即死”律令的组织，这样的组织当然比梁山更会让市井中人恐惧。

公门众生相

“钱到公事办，火到猪头烂”，这是旧时一句关于衙门的俗话；《水浒》中阎婆惜也说了一句，“公人见钱，如蝇子见血”。这些话都是民众经验之总结，凝结了底层百姓的血泪。《水浒》虽为“讲史”类小说，却也是一部人情书，它对公门里的黑暗虽尚未着力描摹，但连带而及，也真够触目惊心。

不过，最值得玩味的是，作者通过描写这种公门里的黑暗，所透露出的一种让今人莫名其妙的情感，因为按作者的意思，对大小贪官，似乎是“抓大放小”。此话怎讲，且容我慢慢分析。

腐败的两个层级：官和吏

《水浒》以写英雄为主，首先上场的却是大贪官高俅。金圣叹分析作者之命意，说这是表示“乱自上作”，意思是因为上面有了贪官，下面才会造反。这种分析很有道理。不过，纵观《水浒》一书，虽然书中提到朝廷中蔡京、童贯等四大奸臣，与正史参证也有依据，但这些人究竟有多少罪大恶极的劣迹，《水浒》一书却基本上只停留在泛泛而论上，缺乏精细的描绘。即如高俅，书中写了他迫害王进和林冲，溺爱高衙内，但是否贪渎，并未正面描写。再往下一个层次，那个梁中书，是太师蔡京的女婿，为给老丈人拜寿，准备了价值十万贯的生辰纲，被吴用等人称为“不义之财”，但怎么个“不义”法，也不见交待，按现在观点看至多是一个“巨额财产来源不明”罢了。还往下一个层次，梁山泊攻破了许多城池，破城之日当然要宣布官员罪状，却几乎都是戴上几顶大帽子便匆匆了事，那些知州、知府究竟有多少残害百姓、徇私枉法的事迹，也渺不可寻。

以上一些奇怪的现象，说明了什么？我以为，可以看出两点：一是间接证明了《水浒》作者的身份，他不会是一个在上层阶级中摸爬滚打过的人物，而只会是一个沉沦下僚的低级知识分子。高层腐败符合他的想象，可究竟如何腐败，他因为缺乏生活体验，只能泛泛去写；二是从一定程度上表明，受儒家伦理教化，学而优则仕的官员阶层中，腐败当然不可能完全避免，但毕竟还是少数。

高层的腐败，《水浒》写来不见精彩，而大宋朝公门里的黑暗仍然让人不寒而栗，这种黑暗的源头在哪里？主要不在官的身上，而在吏的身上。

通常人们把“官吏”并称，实际上“官”和“吏”是两个层级，有很大的区别。一般说来，“吏”没有品级，不需经过专门的考试和选拔，也不能上国家人事档案，其职责是在各级衙门里办理各种具体事务。然而正因为这些人是具体办事的，所以和老百姓日常打交道的正是这一类人（七品芝麻官也要直接面对民众，但已是“官”中最低一层了），也正是他们流品之高下，最能让底层百姓感同身受，所以底层人民总结了一句话，叫“阎王好见，小鬼难缠”。

因为“吏”的上下其手、残民以逞，公门里的黑暗在《水浒》中才表现得那么淋漓尽致。

为了钱,可以直接买断人的性命,有董超、薛霸,有蔡庆、蔡福兄弟，解珍解宝因被毛太公私藏老虎闹了起来，充其量不过是一起民事纠纷，却因毛太公打通了关节，被孔目、节级等人串通一气，硬生生打入了死牢；看钱多钱少，给监狱里的犯人不同的待遇，前有施恩他爹，后有戴宗；视关系好坏深浅，随便出入人罪，宋江明明是杀人的官司，就因为“本州官吏亦有认得宋江的，更兼他又有钱帛使用”，官府反倒出面对原告连吓带哄，宋江最后只落得刺配了事；深通权术的梁山泊王宋江原本也是小吏出身……

在《水浒》一书中，有官府的地方就不会有公平和正义，而其中最作恶多端最肆无顾忌的，就是这上不了品级的“吏”。这是符合中国历史真相的，而怎样治吏，也便成为了历代思想家探讨的一个重要课题。在旧王朝里，“吏”们为什么会如此无法无天，能量如此之大？其中一个重要原因，就是吏员的出身不像官员，经过考试选拔之正途，因此在官方固然不受重视，哪怕是在民间，老百姓也只是畏惧其势力，而心鄙其人。另一方面，一个吏员，即使既有能力又有操守，也几乎没有一条名正言顺升迁的制度通道。这样，吏员们本来读圣贤书就相对要少一些，古代士人的那种道德使命感也就薄弱了不少，加上在朝野两极都受人轻视，又很难以清正廉洁而升迁，既如此，为什么不紧紧抓住现世的快乐，赶紧大把捞钱呢？这就是吏员们往往容易破罐子破摔自暴自弃的道理所在。

吏治腐败是历代中国政治的毒瘤，为祸于民众甚烈。但细细研读《水浒》，有一点却常常让人困惑不解，这就是一方面，作者对自己因阅历所限，体会不深的高层腐败深恶痛绝，动辄“奸臣当道”云云，另一方面，对于那种实实在在严重侵害民众权益的下层官吏的腐败，作者尽管有切身的体验（否则他在细节描写方面断然不会那么精彩），却很少流露多少谴责之意。这是为什么？窃以为，这实际上是关于腐败认知的民间心理的一种不自然的流露。曾经有学者认为，腐败在中国是有民间基础的，因为中国人痛恨腐败，但常常又视当官发财为自然之理，所谓“当官不发财，请我都不来”，他们之所以痛恨腐败，只是因为自己没有分一杯羹的机会。这种心理在《水浒》中得到了验证，那些下层小吏给底层民众带来了那么多的伤害，在我看来，其对民众的实际危害性是远远超过高俅蔡京的，可是《水浒》的作者对此很少谴责，书中受到侵害的人物也几乎没有因此而对他们发出怒吼，甚至常常还会网开一面，这一切仿佛都在对我们进行说教：一个人只要到了那一步，都难免这般的，宽容一些吧。

《水浒》宽容下层腐败的最显著的表现，则是关于贪财英雄的描写。

英雄也贪财？

《水浒》中的英雄和儒家意识形态下的英雄有很大的不同。孟子说，一个人要贫贱不能移、威武不能屈、富贵不能淫，才配称为大丈夫，而《水浒》中的英雄，常常最多只能做到“威武不能屈”，这也是和江湖社会崇尚暴力美学的趋向是一致的。

《水浒》中有很多贪财的英雄，那些剪径的，看见客人包袱沉重便要叫人吃“板刀面”的，堪称比比皆是，更有许多本属于污吏一流，只不过因为后来上了梁山，便也被戴上了英雄桂冠的。

先看那个插翅虎雷横。雷横对朋友很仗义，和朱仝争着私放晁盖逃走，待母亲也很孝顺，因为眼看母亲受辱，情急之下，打死了知县的姘头白秀英，这些都是小说非常用力的地方，仿佛其人真是英雄气十足。不过，他从晁盖那儿经常支取银两使用的事实却常被人忽略。

按雷横的身份，略相当于今日一县城中刑警队长，缉拿刑事案犯是他的主要职责；晁盖未犯事前的身份，是东溪村的保正，原为官府从百姓中挑选出来，负责东溪村地方治安的头面人物。这样两个人物过往甚密本来是很正常的，从职责上讲，刑警队长要多破案，必须多多倚重于晁盖这样的保正，因为只有他们才能提供富有价值的破案线索，要想让地方治安保持平静，也必须依赖人脉深厚的保正们。这样看来，明明应是雷横有求于晁盖的，可事实却倒了过来。我们从书中看到，雷横和他手下几十号人到晁盖庄中要吃要喝简直是家常便饭。这样一个颠倒，当然是双方各取所需的：晁盖损失一些物质利益，在刑警队长那儿，换来了做非法勾当却不被追究的豁免权；雷横则以公权，换来实惠。一场典型的权力寻租。果然，后来在雷横捉得疑犯刘唐后，晁盖送了区区十两银子，雷横便轻轻放过，最终酿成劫取生辰纲的大案。从当时晁盖送钱雷横收钱的情景看，这种勾当二人堪称轻车熟路，以致鲁莽的刘唐都为此愤愤不平，背着晁盖非要夺回那十两银子，粗人刘唐哪里懂得这种交易对晁盖的好处呢。一个刑警队长，也不过区区十两银子，收了还被人公开追夺，已经够不堪了，可笑雷横兀自对刘唐叫道：“只除是保正自来取，便还他，却不还你。”可以说，在公门中，这样为了钱还不怕丢面子的人，都已经是下下人物了。而以这样的人来负责一县之治安，岂可问乎？

再看那个神行太保戴宗，以一手神行绝技，在梁山上也是响当当的英雄了，但其人在公门中的德行如何呢？宋江发配到江州，因为有吴用的引荐，故意不去孝敬他，于是便当着牢子的面大发雷霆，骂道：“新到配军，如何不

送常例钱来与我!”“你这贼配军，是我手里行货!轻咳嗽便是罪过!”“我要结果你也不难，只似打死一个苍蝇!”一个小小的节级，因为索贿未能如意，便公然以取人性命相威胁，其气焰之嚣张，真让人叹为观止!我们也完全可以想象得到，戴宗平日如何作威作福。在戴宗权力所及的范围内，我们要指望和另外一些贪官污吏有所不同，岂不是缘木求鱼?戴宗等人给老百姓带来了多少痛苦，从他威胁宋江一幕中，不是已看得清清楚楚吗?

在无官不贪无吏不横的社会氛围中，雷横、戴宗们身在衙门，没有做到洁身自好，这并不难理解。而最让人困惑的是，就是这样贪黩的污吏，却是书中极力歌颂的英雄人物之一，后来上了梁山，他们也从未因过去不光彩的经历而付出代价，在众好汉中受到任何轻视。细细想来也并不奇怪，不好色可能是江湖列为好汉的标准之一，但江湖可从来没有推崇过不爱财啊，如果连钱都不喜欢，谁还愿意提着脑袋在险恶江湖上混呢?对金钱的嗜好和追逐，从来都是江湖文化非常重要的一部分。

而就是这样一群江湖好汉，他们聚合在“替天行道”的大旗之下，把惩除贪官救民水火的口号喊得震天响。这真是一个滑稽剧。

小衙内之死

我曾在关于李逵的那篇文章中说：“《水浒》虽然处处是刀光剑影，但快意恩仇，几乎没有悲悯色彩，唯独那个年仅四岁‘生得端严美貌’的小衙内的死让人心痛。”我原来以为自《水浒》一书流传以来，这只是我一人之感受，近日偶翻周作人的文集《知堂乙酉文编》，突然看到周作人关于李逵杀小衙内的一段话，“李逵在林子里杀了小衙内，把他梳着双丫角的头劈作两半，这件事我是始终觉得不能饶恕的。”自己以为独到的感受，被别人几十年前就说出来了，虽然有些怅惘，但因为这人是知堂，怅惘中又不免掺杂着一丝得意。

有人可能要奇怪了：小衙内之死真值得你这般看重？《水浒》中杀人放火的场面多了，小衙内之死有什么特殊的地方吗？

要回答以上问题，应该先从暴力的分类开始。

两种暴力

我不是一个喜欢暴力的人，但也绝对不是一个印度甘地那样的非暴力主义者，更不主张如耶稣教所教诲的，当别人打你左脸时，你干脆把右脸也送上去。在我看来，世界上的暴力无非两类：一个是有一定合理性的暴力，另一个是毫无必要性的暴力。

所谓“有一定合理性的暴力”，主要是指弱者在凌逼之下不得已的反抗。一个弱者身受宰割，嗷嗷求告，社会却又冷漠地不给他提供一个和平申述的制度通道，在这个时候，难道这个可怜的人还不能夺下宰割者的刀？即使他在夺刀之后，在情绪失控中，又反手给了宰割者一刀，可以称为“暴力”了，但这种暴力，不是仍有相当的合理性吗？只要我们承认，任何人在虐政、恶法乃至别人施加的暴力面前，都有反抗的权利，就不能不认可世界上的确存在着一种“有一定合理性的暴力”。持这种态度的人并不一定是一个狂热的暴力主义者。读《水浒》的人群中，到了林冲在山神庙杀人那一段，几乎很少有人不拍手称快，其中的多数恐怕都不是一见暴力就兴奋莫名的人，他们之所以把满腔的同情给予“杀人者”林冲，而不是“被害者”陆虞侯等人，就因为林冲已经被逼到了绝境，除了挺身反抗，没有任何出路。我们之所以认为特定时空中的某些暴力具有一定的合理性，还因为舍弱者的反抗之外，一些骄横、颟顸而又高高在上的施虐者是无法醒过来的，你只有用暴力来惊醒他，使之改弦易辙。也许有人会以甘地非暴力主义的成功来验证世界上根本不需要任何暴力，其实这也是徒劳的，甘地成功的关键并不在于他始终用和平的方式表达他的诉求，而在于面对他诉求的对象是有宪政文明传统的英国人。试想一下，如果换上另一群统治者，上不畏天

上的“道德律”，下不畏人间的各种成文法和非成文法，想怎么干就怎么干，甘地绝食即使至死，又会有什么效应？

所谓“毫无必要性的暴力”，是指你在用非和平方式表达你的诉求时，某项充满血腥、暴虐的行为对满足你的诉求，实际上没有任何用处，但你还是做了出来，这种暴力就是毫无必要性的。可以看出，这种暴力行为与施暴者有怎样的初衷没有任何联系，往往只是施暴者在那一刻“灵光一闪”，甚至是下意识的动作，因此最能见出人性，也最应该受到诅咒。以《水浒》中的情节为例，许多暴力就是毫无必要性的，比如武松上鸳鸯楼杀人，初衷本来是极明确的，就是找陷害他的张都监报仇，如果他仅仅杀掉了张都监、和张都监勾结的蒋门神、哪怕是有勾结陷害武松嫌疑的张都监夫人，我们都还可以说这一暴力有一定的合理性，可武松犹嫌不足，连张都监手下供使唤的下人、使女都一气杀了个干净！试问，如果武松不杀这些人，与他找张都监报仇的初衷会有什么妨碍呢？一点儿也没有！可是他仍然高高扬起了屠刀，这里就完全见出了武松暴虐的人格特征。又比如，我们在《水浒》中常常看到，梁山好汉们攻破了某座城池，捕获了某个贪官，然后将其一门老小数十人口“一个不留”的情节，既有数十人口，想必都是连那些实际上也是被奴役者的下人也算在内的，这样的暴力有没有哪怕一丝丝的合理性？……

李逵杀死小衙内也属于这种毫无必要性的暴力，而且是其中尤其令人不能忍受者。

小衙内何许人也？朱仝因为私放了打死知县姘头的雷横，被刺配到沧州，这小衙内就是沧州知府之子，“知府爱惜，如金似玉”。大概是朱仝仪表非俗，美髯过腹，从外形上看很有“亲和力”，这小衙内偏偏爱和朱仝玩耍，“我只要这胡子抱”，加上知府也爱重朱仝，朱仝和知府乃其亲子乃建立了一种基于人情之上的很温馨的关系。

一个孩子，无论他的父母是谁，曾经受过怎样的教育，在什么样的环境下成长，在四岁这样的年龄段，可以肯定地说，他最多表现出来的是天真可爱的一面，一个成人，只要还没有完全失去人性，就会被孩子的天真可爱而感染，并不自禁地生出一种怜爱之心。朱仝逗小衙内玩耍，买糖果给他吃，考虑到朱仝的性格，这应该都是天性的流露，而不是为了巴结上司。否则，我们就无法解释，朱仝在李逵杀死小衙内已成事实无法挽回，自己势必又非得在梁山栖身的情况下，还要一再和李逵拼命。在误失小衙内后，朱仝一句话脱口而出："若这个小衙内有些好歹，知府相公的性命也便休了。"这句话真让天下为人父母者下泪！朱仝这里所表现出来的，是梁山好汉中稀有的高贵人性，也正是因为这一点，我才在前面那篇《水浒中的真英雄》中推举朱仝为真英雄。

对于梁山而言，杀死小衙内且不用说与他们的大计、事业无任何益处，就是在赚朱仝上山这个小目标上，也完全没有必要：他们有足够多的办法，让朱仝与官方反目成仇；即使硬要拿小衙内做文章，也不一定非要让小衙内从这个世界上混混沌沌地消失，比如可以先藏匿一段，等朱仝上山，再交还知府。让人惨不忍睹、而且完全没有必要性的一起暴力事件，李逵在宋江、吴用的安排下，却做得那么轻松随意，整个梁山对此没有丝毫的负罪感，这一切只能说明在这个江湖组织中，人性是一种多么稀缺的东西！

一种集体无意识

一个四岁的知府之子被虐杀了，其实不仅是梁山好汉满不在乎，同样不以为意的还有千百年来读《水浒》的人。一般景仰梁山英雄的读者且不必说了，就是批点《水浒》的"精英"，比如像金圣叹这样的怪杰，像李卓吾等在中国文化史上大放异彩的人物，他们的目光也根本无意在那被劈作两半的小头颅上停留。到了近代，终于有周作人在一篇文章中表示了他的愤怒，但影响似乎也小得很，直至二十世纪末期，人们已经开始用现代技术手段再现水浒英雄的业绩了，可观看《水浒》电视剧的多数人，仍然很少认为小衙内之死是一个多么严重的事件。

这是为什么？

也许，其中透露的，正是中国人的某种集体无意识。

首先，中国人总爱在某种目的正义的眩惑下迷失，因此不愿意去追问手段如何。我们以为梁山好汉反贪官是一种正义的事业，只要是为了这种事业，为了尽快实现正义的目标，选择什么样的手段是一个可以忽略不计的问题。目的和手段的关系，向来众说纷纭，究竟是把目的放在第一位，还是把手段放在第一位，还是目的手段兼顾，各家也有各家的观点，此处我只想指出一个常识，即无论多么正义的目的，在它实现之前，人们实际上是很难预测的，因此多数时候，目的的正义性往往只能存在于主其事者的宣传和听从者的想象中。相比之下，手段是否正当，却是当下可以立即检测的，而检测的标准，只要是文明线以上的社会，就容易得到认同。

其次，中国人偏爱株连。不说水浒英雄，一般读者，为什么也在小衙内之死的事件上唤不起悲悯之感呢，无非因为小衙内是朝廷命官的儿子，而在“无官不贪”的氛围中，在痛恨贪官的大众心理之下，沧州知府已经被认定为一个贪官，那么一个贪官儿子的死有什么值得同情的呢？这种思维是极其荒谬的。且不说，沧州知府在书中并没有什么劣迹，即使他是个十恶不赦的贪官酷吏，那与他的年仅四岁的儿子又有什么关系？即使伟大的预言家推测，这个小衙内长大之后必然作恶，我们也没有任何权利中止他长大的路，何况世界上又哪有这样伟大的预言家？爱屋及乌，恨屋也及乌，株连意识在中国根基深广，但追寻源头，这大概是不能全怪底层民众的。中国的统治者一向用残忍的、不讲理的“连坐法”威吓人民，老百姓们逮到机会，也对上层官吏及其家属株连一回，也算是“以其人之道，还治其人之身”吧？只是如此一来，虽然官方推行温情脉脉的儒家教化，却也不免被上下株连、互相斗狠所消解，于是中国社会便不能不常常充斥着一种“戾气”。

梁山泊的“山头主义”

《水浒》一书在很久以前就已享有世界名著的声名，有了多种外文译本，透过这各种译本在文字处理上的差异，考察其背后的文化和民族性，是一个很有意思的话题。且说上个世纪三十年代，美国人布克夫人翻译《水浒传》，把书名改译为《皆兄弟也》，这个书名本来是极中国化的，既符“四海之内皆兄弟也”的圣训，也契合《水浒》一书中好汉们极力张扬的“义”字当头的价值观，按说是很不错的，可是鲁迅先生当年便表示了一点非议，他在给一位朋友的信中写道：“近布克夫人译《水浒传》，闻颇好，但其书名，取‘皆兄弟也’之意，便不确，因为山泊中人，是并不将一切人们都作兄弟看的。”

到底还是对中国人情世故有精细体察的鲁迅深刻，他就知道看中国书，得从字里看到字外，才庶几不会被人所迷惑，而那位美国人却太相信那些表面的东西了。其实，“四海之内，皆兄弟也”，无论是市井还是江湖，多数时候，都只不过说说而已。

梁山好汉自然不会把梁山以外的人视为兄弟，那些人，更可能是梁山好汉的打击、剥夺对象和利用工具；而即使是在梁山内部，也未必始终洋溢着“兄弟怡怡”的温情。

一本辞典这样解释“山头主义”，说是一种“由于斗争历史不同、工作地域不同和工作部门不同而产生的各部分同志间互相不了解、不团结的现象”。持这一概念去观照梁山群雄，“斗争历史不同、工作地域不同和工作部门不同”云云，号称替天行道的梁山大军何尝不是如此？那么他们有一点“山头主义”，又有什么值得奇怪的呢？

“山头主义”的两大表征

梁山大军是由不同的多个山头的武装汇集而成的，粗粗估算一下，就有二龙山、桃花山、清风山、黄门山等多个组织，还有后来加入的将官集团，而即便是晁盖三阮他们，也并不是梁山最初的班底，他们是打破了梁山原大头领王伦的地域垄断，后来而居上的。即使不把汇集过程中可能出现的暴力和血腥考虑进去，这些来自不同山头和地域的人们，身世、素质各异，观点和立场也千差万别，加之权力分配中必然的不均衡，要让他们万众一心实在是戛戛其难。

在中国的传统社会中，儒家一直教导人们去做“喻于义”的君子，而不要做“喻于利”的小人，可是儒家的这种教化是和现实生活严重脱节的，统治阶级中的上层精英们已经鲜有人愿意向“下民”表现弃利就义的一面，又怎能指望下层阶级舍生而取义？更何况是在本来就与主流价值格格不入的江湖社会？是的，江湖社会的确爱把“义”字摆在很高的位置，动辄就是“不要伤了义气”云云，但江湖中人讲“义”的前提是后面有“利”的支撑，“不要伤了义气”的潜台词是：一旦伤了义气，便会对当事双方造成利益上的损害。正如我前面在《晁盖与宋江》一文中分析的，宋江“担着血海般关系”要给晁盖报信，让其逃脱官府追捕，好像是讲义气到了极点，但那实际上也是一笔有望获得丰厚回报的义气投资。

行走江湖，当然得遵从江湖的规则，要把“义”字挂在显要的位置，但如果做起事来却不知义和利的孰轻孰重，那多半是要坏事的。梁山的两大头领中，晁盖迷信义气，对赚他上当的两个和尚都毫不相疑，结果枉送了性命；而宋江知道“义”未必管用，常常辅于权变，因此总能成功。然而宋江的成功后面，却也有很大的代价，这就是“山头主义”在梁山的隐然成形。晁盖时代，梁山纯以义气相号召，因为单纯，扩张也不迅速，宋江时代，讲求实用，扩张迅猛，却也种下了“山头主义”的祸根。

梁山上的“山头主义”有两大表征：

首先表现为，好汉们对事业的忠诚转移为对个人的忠诚。

大略说来，宋江上梁山后，在这个庞大的组织中间，就有这样几个“山头”：以晁盖为首的，其班底就是昔日一起劫取生辰纲的刘唐和三阮；以卢俊义为首的，可惜其班底似乎只有燕青一人，所以总无法与其他山头争胜，遇事不得不以忍让为先；以鲁智深为首的，其班底是武松等原来二龙山的一批人马，他们声威颇盛，反对招安时一齐上阵，宋江也要顾忌三分；独立派系的，有林冲、朱仝等人；除此之外，像桃花山、黄门山等，因其力量薄弱，无法“自成一军”，于是只好拣最粗的腿抱，似乎都不妨归为宋江一派。

山头主义者往往自成一个小圈子，而在圈子内部，又有各自尊奉的领袖。领袖的地位一般都是自然形成的，要么曾经共过患难，要么当下在权力分配盛宴中有话语权，前者可以说是历史的因素，主要立足于一个“情”字，后者则是现实的因素，主要立足于一个“利”字。在“情”

和“利”的双重刺激下，山头主义者对这个领袖的忠诚，常常是超过一切的。燕青在宋江大军征讨方腊大获成功后决意退隐，知道他这个决定的人只能是一个卢俊义，聪明的燕青也只会把他预见到的险恶告诉给卢俊义一个，因为不论世事如何变幻，在燕青看来，故主始终是他最尊敬最信任，也唯一最值得他卖命的人。晁盖在曾头市中了毒箭，书中有一段耐人寻味的描写，“却得三阮、刘唐、白胜五个头领死并将去，救得晁盖上马”，而“燕顺、欧鹏、宋万、杜迁只逃得自家性命”。拼死救晁盖的还是他过去劫生辰纲的原班人马，燕顺等人在他们的“山头”之外，既没有“情”的激劝，又无“利”的诱导，他们怎么可能为晁盖拼命呢？

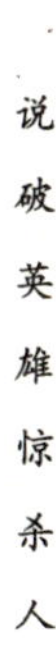

基本可以判定，“山头主义”是宋江上梁山后才日渐滋长的，那么宋江对山头主义的态度如何呢？从书中所写事实上看，宋江即使讨厌山头主义，而实际上他的所作所为却是在默许甚至纵容山头主义在梁山泛滥。这就是梁山上的“山头主义”的第二个表征：领袖对下属的区别对待和使用。虽然梁山群雄都叫宋江“大哥”，宋江对他们也一律呼为“兄弟”，但兄弟还是有亲疏之别的。排座次中的宋江的“苦心孤诣”，前面已经写过，此处不赘，宋江提议招安遭到群雄反对那一幕也很有意思。在反对的人中，武松是第一个跳出来的，说“冷了弟兄们的心！”李逵是第二个，大叫“招甚鸟安！”而宋江的处置却颇为细腻：对李逵，是大喝道：“这黑厮怎敢如此无礼！左右与我推去，斩讫报来！”而对武松却是仿佛作思想工作般的和风细雨，“兄弟，你也是个晓事的人”云云。谁都能够看出，与表面的一轻一重相比，宋江内心的情感和偏向却正好相反：他呵斥李逵，表明他真正把李逵当自己山头的人。

在对群雄的使用上，宋江一般都能使人尽其才，发挥各自的长处，但他同时也考虑到了山头主义存在的客观事实。有心人当能注意，梁山上有个传统，在组织一项行动时，一般都会把原在上梁山之前就有较好关系，或者曾效力于同一个山头的人编排在一起，这不仅因为彼此熟悉和默契，更因为这些人共过患难，通常不会在危险面前只顾自己。

“山头主义”源于自保的本能

“山头主义”是宋江上山后才日渐滋生的，这不奇怪，因为宋江作为一个山上的第二只老虎，需要建立他强大的班底，也许这正是他对“山头主义”抱着一种默许甚至纵容态度的根本原因。然而当晁盖殒命，偌大一个梁山上，唯他宋江一枝独大时，“山头主义”对宋江而言就是一种离心的力量了，那么宋江为什么不对“山头主义”进行围剿，却使之仍然顽强扎根于梁山？

在我看来，这正反映了宋江实用主义者的特点，他采取一切行动都高度服从现实的需要，利者趋之，害者避之。且不说派系林立的梁山，除了以暴力，还能怎样去撼动“山头主义”，而一旦动用武力，宋江又有多大胜算？即使胜了，山头主义没了，区区梁山靠他的班底，又岂能独存？同时，更重要的一点，恐怕还在于宋江知道“山头主义”产生的根源，是因为人的一种自保的本能，而本能，是依靠暴力消灭不了的。

不论打着什么样的旗帜，旗帜下的人们的诉求肯定都是不一样的，而且组织越扩张，诉求上的歧异就会越多，而人们为了确保自己诉求的实现，避免自己的利益被其他人所吞没，就会在一种巨大的恐惧中自然结成一个“山头”，形成“山头主义”，这是一个铁律。像梁山这样的江湖组织，就这样陷入了一个发展的悖论：组织很微小时，单纯得没有“山头主义”的困扰，但生存上会受到外界的

威胁；为了解除生存上的威胁，就必须加速扩张自己的组织，而一旦组织扩大，又必然形成“山头主义”。组织很微小时，最大的敌人来自外部，而当组织发展到足够庞大时，最大的敌人很可能就变成了自己，因为“山头主义”的肆虐将极大地抵消这种数量上的优势。

宋江理解人因为诉求各异企望结成“山头”自保的本能，他也知道无法消灭这种本能。那么他是不是因此预见了梁山泊必将由盛入衰的结局，方于梁山鼎盛时期，拼命地去请求朝廷招安？这是一个谜团。

仇当快意报应尽

题目是从一句宋诗那儿“偷”来的。原诗是“书当快意读易尽，客有可人期不来”，意思是合自己口味的书很快就会读完，自己喜欢的客人却总是等不到。我借用上联，窃以为可以表达出江湖恩仇的一个法则，这就是：报仇，就要报得干干净净，不留一点儿后患。

“仇当快意报应尽”，这一点于《水浒》中表现得堪称淋漓尽致。杨雄石秀捉奸，使女迎儿都难逃一劫，鸳鸯楼上的武松，把张都监的使唤丫头也杀了个一干二净，自称“我方才心满意足”，这都是众人皆知的例子。此外，像解珍解宝兄弟那样，对仇家“一门老小，尽皆杀了，不留一个”，书中也所在多有。

必须强调，以上血腥的杀戮并非我们常说的“除恶务尽”，因为其中糊里糊涂丧命的多数人，恐怕连小奸小恶都算不上，他们之所以遭此大劫，真的只好说是“运气太坏”，不小心碰到了好汉的刀口罢了。

“仇当快意报应尽”，在这种观念的支配下，制造了大量人间惨剧。那么这种观念是怎样来的呢？首先最容易想到的是当事人的性格和品行，这没错。每一起滥杀无辜事件的背后，照出的都是当事人内心的暴戾和虚弱。“暴戾和虚弱”，这仿佛有点矛盾，一个有暴力倾向的人，在生活中的表现仿佛总是很强势的，其实这并不矛盾，毋宁说正是相辅而相成，因为他知道自己唯一能够仰仗的只有暴力，所以才拼命要用外在的暴虐掩饰内心的虚弱。也只有内心虚弱的人，才会“草木皆兵”地把所有相关者视为潜在的敌人，非尽皆屠戮而不能安枕。细心打量一下就不难发现，《水浒》中竭力追求那种极致的“杀戮美学”的，几乎都是心灵不那么健康的人物，而我推崇为“真英雄”的王进、林冲、鲁智深、朱仝等人，却绝不对可怜的无辜者举起屠刀。

然而，将“仇当快意报应尽”观念的产生完全归咎于个人，又是没有说服力的。不论什么样的人物，只要生活于社会中，就不能不受法律法规和公序良俗的影响和制约，复仇者一起两起的大开杀戒，也许还可以说这是当事者个人的原因，如果类似的血腥杀戮在一个社会大面积地爆发，则我们必须把目光从个人转移到这个社会中去，看看社会中是否存在滋生和培养这种观念的土壤。

这种对社会的解剖可以从以下两方面着手。

传统社会对复仇的态度

复仇，在中国的语境中，它指个人绕过官方提供的制度渠道，自行与仇敌了断的一种方式。这是中国自古流传下来的习惯之一，在儒家经典中还被赋予了庄严而神圣的意义。《礼记》中记载，子贡曾经问孔子，有杀父母之仇怎么办？孔子回答说：与仇人不能生活在世界上，应该辞掉官职专门进行复仇活动，并应睡草席枕木头，以坚定复仇的意志；复仇用的兵器应该经常带在身边，这样遇到仇人时，便用不着回去取，可以直接冲上去报仇。儒家经典所论述的肯定复仇的思想和各种规定，对后代有着很大的影响。直到现代，在许多中国人的心目中，“有仇不报，枉为人也”，复仇仍然是一种天经地义毋庸置疑的行为。中国人喜欢把“报仇”和“讨债”连在一起使用，就是表明一个人的“报仇”应该像“讨债”那样自然，是其天然权利。

民间私下的斗杀毕竟是对社会秩序的一种挑战，所以，在经过初期的公开允许阶段之后，官方的法律又不得不对复仇行为进行限制，乃至禁止。据学者对中国刑法史的研究，唐朝以后，民间私下的复仇行为已经为法律所不允许了。但众所周知，探究中国社会的实质是不能只看摆在桌面上的东西的，关于“复仇”，只要古中国还是个礼法社会，就注定无法靠一纸条文，把“仇当快意报应尽”的传统观念从人的大脑中连根拔除。

《水浒》中的梁山英雄生活在宋代，传唱水浒英雄业绩的说书人多半在元朝，写定《水浒》一书的作者是明朝人施耐庵，按照学者的界定，在这些人士生活的朝代，私下复仇都是为法律所不容的，而我们透过那种达到极致的“杀戮美学”，却分明看到，传唱英雄业绩的人们，都是认同甚至赞许英雄们“仇当快意报应尽”的。这种根深蒂固的传统观念和习俗，对社会的影响是巨大的。首先是助长了一个社会的“戾气”，冤冤相报，腥风血雨，将儒家精心构造的温情脉脉的氛围破坏殆尽。其次是让那些内心暴戾而虚弱的人滋生了一种虚幻的正义感。上面说过，这些人士在大举屠戮的时候，本来是内心虚弱的，但因为社会对他们的行为很少否定，相反还常常认同甚至赞美，于是他们也仿佛找到了屠戮的合理性，不讲理的蛮横杀戮仿佛成了最符合正义的行动。

如果要问那些滥杀无辜的梁山好汉，他们肯定无一承认自己是在报私仇，而都会言之凿凿地声称自己是在“替天行道”。无他，杀戮太多，虚幻的正义感日益膨胀也。武松在鸳鸯楼一气杀了那么多人，蘸着血在白粉壁上大写下八字道：“杀人者，打虎武松也。”金圣叹对其中的“者”和“也”字大加称赞，说“何等用得好！”我只从字里看见杀人者胸中冲撞的激情，而这种激情是非常让人恐惧的。

洒脱：游民的理想人格

《水浒》中的多数英雄人物都应该归入“游民”阶层，王学泰先生对此早有深刻论述。那么，游民的理想人格是什么？也许可以举出多种，我这里只谈一点，这就是“洒脱”。

洒脱的意思就是拒绝任何观念和事务的牵绊，逍遥自在无拘无束。市井社会中的普通人士是很难做到洒脱的，因为他有家，有老小，有功名观念，还要与人争气，等等。唯游民可以做到洒脱，像《水浒》中的英雄们，多数都没有家庭，没有妻儿老小拖他们的后腿，又因为主张“不动情”，所以即使身边会有两三个女子，但却无法使他们陷入情网而挣扎。对“洒脱”的追求几乎贯穿在游民的一切行动中，这也包括复仇和杀人。梁山好汉不复仇不杀人则已，一操起刀来必干净利落，不留任何后患，所以，江湖社会流传一个词语，叫“快意恩仇”。

《水浒》中充斥着大量的血腥场面，后世读者却少有产生不适生理反应的，这固然可以归功为作者写作手法之高明，是作者前后照应、笔墨渲染的好，但另一点也是不容忽视的，这就是，游民的理想人格对市井社会也往往会有很大的吸引力。市井社会中的人，是会受到方方面面的限制的，很难像游民那样活得逍遥自在，因此，“洒脱”也便成为他们遥不可及但时时企望的人生理想。游民报仇，可以不管法律规定，不计后果，“仇当快意报应尽”，而市井中人却不能遵此路径，他得先递状子，打官府，以讨回公道，如果碰上个把贪官，还有可能仇未报，反被官人打一顿板子，这样的事情在传统社会中是远非鲜见的。遇到这样的事情，恨恨然的市井中人就只好把理想投射在书中的游民身上，就像深受贪官盘剥的人们常常要从那个清正廉洁百毒不侵的包青天身上去寻梦一样，他们在游民的快意恩仇中，体验着那种拥有“想怎么做就怎么做”绝对权力所带来的快感。

这就是《水浒》中的杀戮惊人，人们却并不厌恶，相反还大有欣羡之意的关键。只是，在欣羡游民们拥有“想怎么做就怎么做”的绝对权力，赞美他们“仇当快意报应尽”的同时，人们可能很少想到，这种权力弄得不好也会伤害到自己，甚至有成为英雄杀戮下的无辜者的危险。

从造反到招安

“要当官，杀人放火受招安”，没有考证这句话的来历，据我的推测，应该就是人们从《水浒》中总结的经验。因为“从造反到招安”，正是水浒英雄的一条路径。

然而这里还有一个问题：“从造反到招安”，这句话分明表达了一种因果联系，即当初造反时，就是为了最后的招安，招安是目的，造反只是为了达到这一目的而采取的手段，而试观一百单八将，其中究竟有多少人有这样的“深谋远虑”呢？反对招安的武松等人自不必说，吴用跟着晁盖起事，也没有考虑到这一步棋，就是对招安有意沉默的将官集团，他们虽然是认可招安的，可却从未想过，要以“造反”为手段，要挟朝廷招安，因为他们本来就在朝廷这一方，哪里还用得着走“从造反到招安”的迂回之路？

其实，“从造反到招安”，对此胸中早有谋划，并步步为营，稳稳行来的，整个梁山上只有一个宋江。需要“从造反到招安”这样一条路径，以实现个人理想的，梁山上也只有一个宋江。

造反：宋江积累资本的过程

实事求是地说，宋江是一个不甘平淡颇有抱负的人物。他的抱负，在浔阳江酒楼上那一番自白中说得很清楚，“我生在山东，长在郓城，学吏出身，结识了多少江湖好汉，虽留得一个虚名，目今三旬之上，名又不成，利又不就。倒被文了双颊，配来在这里。……”宋江是希望“名利双收”的，这一理想虽然世俗极了，却也是人之常情，并不是一件坏事。可在那样的时代中，要实现这样的理想，却非得先进入上流社会不可，而要进入上流社会，渠道又极其狭窄，以当时的客观时势论，若不能走科举之路，便只好从军，依靠个人军功，逐渐擢升至显宦名流的地位。但以宋江的资质条件，这两条道路显然都不是他适合的：科举之路，我在前面《“敢笑黄巢不丈夫”》一文中已经分析过，宋江恐难如愿；从最低级士兵做起，依靠个人军功擢升，那可是靠一刀一枪硬拼出来的，这就更不是宋江的强项了。

说来说去，宋江要想打通进入上流社会之门，其拥有的资本，除了他个人的那种权术机诈，大概只剩下一项了，就是他自己说的“结识了多少江湖好汉”。

宋江为什么特爱结交江湖中人，在江湖中人那里，又为什么特爱充当散财童子的角色？回答这个问题，虽然我们还不能作诛心之论，认为宋江一开始就想的是以后的造反，再以后的招安，因为这未免太超越人想象的常规了。然而即使宋江如此作为很大程度上的确缘于豪爽的天性，我们至少也可以肯定，当宋江在不辞财力周济群雄时，其潜意识里未尝不是认定：这些江湖中人以后终究会有些用处的，只不过是什么用处，宋江当时未有清晰认识罢了。这有些像下围棋，高手常常于不引人注意处投下一子，一时半会儿委实看不出用处，哪怕高手自己也只是凭着高超的棋感行棋，未必能准确道出个中奥妙，而随着棋局进展，人们才会为那一子的作用拍案叫绝。

宋江是什么时候开始对他结识的江湖好汉的作用有了清晰认识的呢？窃以为，应该是在江州劫法场那一役。这一仗的意义在于，不仅把宋江从死神嘴边拉了回来，而且彻底断送了宋江残存的依靠“正途”以挤进上流社会的幻想。但这时的宋江尽管能够意识到梁山这支江湖组织的巨大能量，却还无法使之成为自己一个人的资本，因为他的上面还有一个晁盖。

从书中可以看到，晁盖死后，宋江明显加大了诱降宋朝将官、四处招兵买马的进程。对梁山而言，多一条好汉，就是多一份力量；对宋江来说，多一份力量，就是多一份和大宋朝讨价还价的资本。如果力量不能积蓄到相当程度，那显然是没有和一个中央政权讨价还价的资格的，大宋朝只会一举荡平之。

宋江一面拼命招兵买马，用很低的身段，劝诱那些勇武的大宋朝将官入伙，一面却又声称自己“非敢贪财好杀，行不仁不义之事”，不过“暂居水泊，专待朝廷招安，尽忠竭力报国”。其言行是很有些尴尬的，因为按照常人的思维，你宋江既然是一心等着招安，决心为朝廷效力，那又何必拆朝廷的台，将其人马拼命往你手里拉呢？其实只要我们懂得造反于宋江只是一个积蓄力量和资本的过程，这些看似奇怪的言行便很容易解释了：关胜索超们一直在朝廷效力，和宋江带着关胜索超们去报效朝廷，至少对宋江而言，那效果可是天差地别。

以宋江个人的材具，充其量只能在一个小小的郓城县当一个有头有脸的人物，要想打通进入大宋朝上流社会的关卡，实在是戛戛其难，但当同一个宋江，背靠梁山这支江湖组织，手里握有卢俊义、林冲、关胜、索超等有上天入地之能的众多豪杰时，不管是谁，就必须换一个面孔和方式与他对话了。

招安：一次没有分红的入股

接受朝廷招安，对宋江来说，就好比今日的以人力入股，只不过他投进去的是一支骁勇善战的队伍。

从进见皇帝始，到最后因讨平方腊止，都可以视为资本的一次运作过程。从这次入股中，宋江似乎得到了他原来想要的很多东西：得睹“天颜”，天子赐宴，加官晋爵，衣锦还乡，……这些都不是当年一个小吏可以梦见的。不难设想，如果宋江继续做他的押司，哪怕挤破了脑袋，花光了家产，也不能得到现在所拥有的一切。宋江依靠“从造反到招安”这样一条迂回的路径，总算实现了他的人生理想。这样一条路径，和历史上真实的宋江们所走的，也是大致不差的。

只是，不知宋江是计不出此，还是真的因天子招见、赐宴等动作而感激涕零，乃至愚笨起来，别人的入股，资本应该是滚雪球般越滚越大，而宋江却坐视甚至主动使自己的资本——那支他赖以立足的队伍，在资本运作过程中越滚越少。于是，招安对宋江而言，尽管有许多虚荣，最终却成了一次没有最终取得红利的入股：他被人下了毒酒。

对宋江下毒的人，不管是否得到了皇帝的默许，他对形势的权衡是非常清楚的。他知道，一个资本耗尽，自己早已解除了武装的人，是不会有任何反抗的。否则他只会把先前靠入股取得的一点虚荣也赔进去。宋江当然也看到了这一点，尽管临死前，他还要和惯常一样，拿忠孝节义说事，但他对李逵的一句话就透露了天机，“军马尽都没了，兄弟们又各分散，如何反得成?”他之所以要把李逵也搭进去，自然确是怕他在自己身后惹乱子，然而其初衷，恐怕并非怕因此“坏了我梁山泊替天行道忠义之名”，而是和下毒酒的人所预测的那样，怕把先前得到的一点虚荣一并赔光。果然，宁愿毒死也不再举反旗的宋江，死后被皇帝“敕封为忠烈义济灵应侯”。

宋江接受招安后的这种命运，我在《梁山泊的三条道路》一文中说，“对作者的这种安排，我是颇不以为然的，因为这既不符合宋江好弄权术的性格，更不契合历史的规律”，“宋江安身立命之本，唯在以权术胜，即使接受招安，他难道不知道在身处猜忌之下，保存实力对自己的重要？怎么可能傻乎乎地主动去征这个讨那个，把一点和朝廷博弈的老本赔光了事？从以往历史上看，一个处在困境之中、虚弱的政权对待那些投诚归来的原反叛集团，尽管事实上不能不在内心里着意提防，但限于客观时势，至少在表面上也要表现出相当优礼的态度，更不敢过分凌逼，因为那是有为渊驱鱼为丛驱雀的危险的，弄的不好这一力量就会跑到政权的另一边，反为敌助”。但《水浒》一书既然已经是如此安排宋江的人生大结局，那我们且试着寻找可以稍稍释疑的线索。顺着我上面的思路寻找一条线索似乎也并不难，那就是在宋江投诚的时候，大宋朝可能还远远不是一个十分虚弱的政权，或者说虽然政权实质上已经虚弱，而大宋朝的君臣们兀自混混沌沌。因为大宋朝还远未虚弱，所以它敢对一个投诚归来的江湖组织痛下杀手；因为君臣们根本没有觉察到自己的虚弱，它才不会意识到自己的这步杀招实际上是在自我毁损。

不论是哪一种情况，都可以看出，宋江当时急吼吼地闹招安，是错误判断了形势。“从造反到招安”，这对一个胸怀“大志”想进入上流社会，而又缺乏“正途”的人来说，的确是一条也许凶险但回报率最高的捷径，可并不是任何时候都可以将“造反”的支票兑换为“招安”的现银，最好的时机应该是中央政权内忧外困，而这个政权又对自

己的虚弱有切身之感的时候，在这方面做得最成功的，当推跟随黄巢造反后来又降了唐朝，最后还当了皇帝的那个朱温，朱温降唐时，正是唐政权惶惶不可终日的时候，笼络朱温都还怕功夫不到家呢。朱温小名“朱三”，据说他当了皇帝，亲哥哥都不服气，说：“朱三，尔可做天子乎？”看来朱三的哥哥终究是一诚朴的乡下人，他不懂得用理论装扮自己：过去造反的时候，可以打出“替天行道”“官逼民反”的旗帜，后来接受招安，又可以打出“为国尽忠”的牌子，有幸登上皇帝宝座，又何尝不可以说是“天命所归”呢？

可惜，宋江没有等到打出“天命所归”旗帜的机会。

总论：『只眼』看英雄

“劫富”之后

“劫富济贫”，这是梁山好汉等群体最喜欢打出来的招牌，曾经让历史上无数被挤压在生活底层的人们为之激动甚至迷狂。“劫富济贫”一词，从字面上去理解，“劫富”和“济贫”可以是并行关系，即一边劫富，一边济贫，也可以是因果关系，即“劫富是为了济贫”。无论怎样理解，既然打出“劫富济贫”这面旗帜，“济贫”都应该是其中的一个重要内容。

“我们劫富的同时还不忘济贫”，或者“我们劫富是为了济贫”，英雄们的这两种承诺，对穷人来说都是一个充分利好的消息。千百年来，中国历史上的良善百姓之所以喜欢传诵水浒英雄，很大一个因素，就是因为梁山好汉始终张扬着“劫富济贫”的旗帜。然而，事实真有口号这么动人吗？

王伦是梁山事业的开创者，虽然死于非命，其开创者的地位却不容篡改。在他手里，梁山打家劫舍，是只认钱不认人的，以打渔为业的阮氏三雄入伙之前，曾对此恨恨不平，“这几个贼男女，聚集了五七百人，打家劫舍，抢掳来往客人。我们有一年多不去那里打鱼，如今泊子里把住了，绝了我们的衣饭”。显然，王伦时代的梁山，对平民而言与其说无甚好处，毋宁还大有损害。再看晁盖。晁盖做下的第一笔“买卖”是劫取生辰纲。这生辰纲，原是大奸臣蔡京的女婿梁中书搜刮民财，攒下的十万贯金银珠宝，是准备运到京城给丈人拜寿的，来路当然不正，是货真价实的老百姓的脂血，因此刘唐劝诱晁盖，晁盖劝诱吴用，吴用又劝诱阮氏兄弟，那说辞均是：“不义之财，取之何碍！”这话很有鼓动性，也的确容易让人激动。但这里有一些问题，即谁才有资格来界定财富的“义”与“不义”？一个人只要认定了某笔财富为“不义”，是否就自动获得了随便取之的权力？……这样的问题人类纠缠了好几百年，即使到了现在，可能还会有各种答案，若硬要宋人回答，是够刁难的了，却不去管它。我更感兴趣的是这不义之财生辰纲到手之后的事，书中说的明白，晁盖吴用等人在庄中饮酒作乐，“三阮得了钱财，自回石碣村去了”。看来，这笔不义之财不过是按出力大小一分了事。这也没什么奇怪的，想当初他们准备劫取生辰纲时，脑子里唯一盘算的就是“下半辈子快活”，与周遭百姓全无关涉啊。

如果说智取生辰纲那会儿的好汉们还没有多少组织性，难免自行其事不讲章法，那么已经揭竿而起并成为一支官府不可小觑的造反武装后，又如何呢？晁盖时代的梁山，我们没有从《水浒》一书中看到对百姓有任何施惠。梁山换了主人，宋江时代的梁山事业倒的确是红红火火发展迅猛了，梁山群雄在宋江的率领下，打了多场胜仗，接连攻下了高唐州、华州、青州、祝家庄、曾头市、东平府，收益甚大，仅青州一役，斩获府库金帛、米粮，就整整“装载了五六百车”，正是这些财富——姑且算“不义之财”，奠定了梁山好汉们“大块吃肉大碗喝酒大秤分金银”这种写意生活的基础，可是我们却仍然很难看到曾有平民百姓在这一场接着一场的残酷厮杀中获益。

也许有人会说我的这种议论过苛，梁山好汉还是经常会对百姓施予恩惠的，比如三打祝家庄一役，不是宋江亲口传令，“各家赐粮米一石”吗？那就让我们看一看这究竟是怎样的恩惠吧。因为祝家庄的地方武装是梁山碰到的强硬对手，梁山几乎损兵折将，宋江等人的怨毒是可以想象的，所以，攻破之日，“宋江与吴用商议，要把这祝家庄村坊洗荡了”，这完全在意料之中。祝家庄、扈家庄、李家庄这联盟三庄的人民，既已经受战火之“洗礼”，现在战事结束，又要任由胜利者宰割一番，几乎是注定了。幸亏冒出了一个石秀，祝家庄的那位“钟离老人”因为曾助到祝家庄打探情报的石秀脱险，石秀以祝家庄“也有此等善心良民在内，亦不可屈坏了好人”为由，请求宽贷。如果对三打祝家庄一役的艰苦有深切的了解，就会明白，宋江不能不给石秀一个面子，因为如果没有石秀探得路径，宋江几乎就会全军覆没，而追论首功，却又不能不推到那位指点石秀的“钟离老人”，宋江吴用对这一切当然心知肚明。于是乎，钟离老人以助宋江大军逃脱罗网反败为胜之奇功，换来了“一包金帛”的赏赐。至于庄中另外的百姓，却不能不受宋江一番喝斥：“不是你这个老人面上有恩，把你这个村坊尽数洗荡了，不留一家”！但宋江到底是枭雄，很快悟出这种恐吓大大不利于梁山形象，旋即变了一副脸色，说什么“我连日在此搅扰你们百姓，今日打破了祝家庄，与你村中除害。所有各家赐粮米一石，以表人心”。从威胁“尽数洗荡”到“赐粮米一石”，一眼就可以看出，这完全不过是一种笼络人心的手段罢了。至于所付成本和所得收益，宋江的算盘也是极精的：这一仗，宋江“济贫”的成本合而计之，是“一包金帛”，和各家“一石粮米”，至于“劫富”的收益，书中也说得极为详明，“一面把祝家庄多余粮米尽数装载上车，金银财赋犒赏三军众

将，其余牛羊骡马等物将去山中支用，打破祝家庄，得粮五十万担”。这样一场惨烈的战斗，庄中百姓的代价不问可知，最后他们又得到了什么？是经济上的收益还是安定的生活？恐怕都没有吧。这就是宋江“劫富济贫”的真相！

“劫富”常有，“济贫”鲜见，所谓“一边劫富一边济贫”、“劫富是为了济贫”云云，基本上只是一个美好的神话。可是不论事实的真相如何，碾压在底层的人们仍然乐于传播这一神话，甚至常常喜欢主动把这个神话编织得更为圆满，这是什么道理呢？就因为这个神话寄寓了小生产者的理想，当他们眼见富人享尽荣华的时候，当他们对生活绝望的时候，就希望有一种神奇而又正大无私的力量重新分配世间的财富，这是他们的梦想和精神支柱，在很多时候，他们宁愿这个梦想缥缈些也不愿意其在眼前活生生地破碎。所以，他们造出了许多给自己圆梦的无私英雄。另一方面，因为底层人们这种对无私英雄的渴望，“劫富济贫”又成为豪强们凝聚人心屡试不爽的旗帜，这也就是宋江恐吓洗荡百姓之后，突然想起要小施恩惠的奥秘。不要以为《水浒》不过是小说家言。就是在宋朝，那位史有其人的造反领袖钟相，因为说过“法分贵贱贫富，非善法也，我行法，当等贵贱均贫富”这句名言，不仅在当时引来大批追随者，并很荣幸地在身后获得了一些史学家的高度评价，可惜史料显示，就在钟相向追随者许愿的同时，他已经聚敛了大量惊人的财富。

劫富之后，是不是就一定没有人出来济贫呢？也不尽然。《史记》中有关于刘邦造反后从不济贫到济贫的经过，“沛公居山东时，贪于财货，好美姬；今入关，财物无所取，妇女无所幸，此其志不在小”，原来，贪图个人享乐的刘邦突然一变为乐于周济百姓别有深意，他是准备以此来换取更大的实惠的！可是，这种隐藏极深用心的“济贫”对穷人来说，是否一定是一种福音呢？历史早已证明，像刘邦这样的枭雄只能克制一时之欲望，等到他以竭力克制个人私欲、“济贫”为手段，得到了他最想要的东西时，他的欲望就会蓬蓬勃勃地生长出来，甚至变本加厉，于是，以往从“济贫”中收获了一些利益的芸芸众生又迎来了新一轮的碾压，于是又有新的“刘邦”冒了出来，打的还是“劫富济贫”的旗帜。旗帜虽然旧得厉害，却屡试不爽……这就是中国历史的一个可怕轮回。

梁山泊座次之谜

水泊梁山，虽说是江湖社会，以“义”号召，但实际上还是世俗政治生活的一个缩影。所以，尽管相互之间称为“兄弟”，尽管待分配的权力资源还十分有限，仍然不能不排一下座次，定一个尊卑上下。这也代表着一种规则在梁山的确立，如果我们不被虚幻的“义”所迷醉，就应该承认，这是宋江对梁山的一种贡献，意味着梁山泊再也不是一群乌合之众。在排定座次后，宋江一席话已说得极为显豁，“诸多大小兄弟，各各管领，悉宜遵守，毋得违误，有伤义气。如有故违不遵者，定依军法治之，决不轻恕。”

那么，一百单八将的座次为什么会如此安排？林冲屈居关胜之下，秦明位在鲁智深之上，等等怪象之中有无玄机？如果有，有没有什么可以寻绎的线索？千百年来，这是一个很大的谜团。

“天书”的真相

梁山的座次，看样子来源于“天书”，这天书上按顺序写着三十六个天罡星和七十二个地煞星的名号。于是宋江不能不谨遵天意，对众头领道："鄙猥小吏原来上应星魁，众多兄弟也原来都是一会之人。上天显应，合当聚义。今已数足，分定次序，众头领各守其位，各休争执，不可逆了天意。"

可是这天书的来历却是十分奇怪的。宋江请道士超度晁盖亡灵，三更时候，"只听得天上一声响，如裂帛相似"，一团火掉下来"竟钻入正南地下去了"，于是在火落的地方挖出了"一个石碣，正面两侧，各有天书文字"。本来天书文字一般人是认不得的，偏偏请来念经的道士中有一位何道士，偏偏祖传一册文书，"专能辨验天书"。于是，上天的意思，终于原原本本地传达给了那些桀骜不驯的江湖好汉！

当代人一望即知，所谓天书，纯粹是骗人的鬼话，与其说是什么上天之意，不如说是宋江吴用之意，扛着老天的招牌罢了。不过，我虽然认定天书是一个骗局，但换一个角度，我倒以为，这个骗局于稳定队伍、安定人心是大有好处的，它对梁山事业的发展起到了不可估量的作用。易言之，要鼓动中国的底层百姓去做非常之事，需要这种神道设教的模式。从最早的陈胜吴广在鱼肚子里藏纸条，到后来元末时"石人一只眼，挑动黄河天下反"，甚至那些崛起于乱世终成伟业，被宣传为圣明君主的人，于起事之初何尝没有弄些神神道道的玩艺儿？

梁山的天书和历史上那些图谶一样，起到了凝聚人心的作用，使原本即使对落草造反惴惴不安的人，也会凭空增加一股勇气。另外，本来人事工作向来就是一件让首领头疼的事，手下好汉形形色色，各有优缺点，是注定端不平的一碗水，而梁山的情势更特殊，这群豪杰可都是把性命不当一回事的主儿啊，谁会轻易服谁？要让他们各安其位，实在是一件非常困难的事，而这卷天书正好发挥了威慑作用，须知，梁山等人虽然不怕死，但智识到底有限，还是怕老天的，正如明末思想家李贽所说："梁山泊如李逵、武松、鲁智深那一班，都是莽男子汉，不以鬼神之事愚弄他，如何得他死心塌地？"

设下这个骗局的会是谁呢？只能是宋江和吴用。宋江和吴用的领导地位已经是事实了，即使不靠这天书，他们的位置也无法撼动，他们这时需要的是江湖的秩序，而这秩序的建立又必须让人心服口服，天书示意堪称性价比最高的方式。而且宋江是"学吏出身"，吴用则是落魄秀才，对神道设教模式的运作都不会陌生。有人会说，在落下天书那一回，怎么硬是不见吴用的身影呢？这就是宋江吴用的精明过人之处了。按照一般人的思维，天上掉下天书，别人不认得，智多星吴用偏偏认得是没有错的，要他宣读天意不就完了吗，何必又牵进来一个"何道士"？其实宋江吴用要的就是让别人得出这天书与他们一点儿关系没有的印象，如果吴用在场活动，甚至还认得天书，知晓天意，即使李逵等人容易被鬼神之事愚弄，安知日久天长，不会从中窥破一线天机呢？

现在我们已很清楚，所谓天书决定的座次，背后透出的决不是什么天意，而是代表着宋江和吴用的意志。那么，宋江吴用为什么会有这样的意志，对手下的兄弟如此安排，他们究竟又是基于一种怎样的考量？

座次中的情、利纠葛

排座次，就等于是一次权力分配，而权力分配的原则，最主要的不外两个字，就是"情"和"利"。但梁山自有梁山的特殊性，江湖社会以拳头立足，谁的拳头硬、本领高，谁就拥有任何人都不敢小觑的实力，所以在"情"与"利"外，"实力"还是一个重要的砝码。

梁山的这个排座次，上面说过，代表着宋江和吴用的意志。但宋江他们要把这种意志加在这群向来无拘无束的男人身上，使之没有多少怨言，除了用天意来欺骗和威胁而外，当然还不能不在“情”、“利”的纠葛下，综合考虑各人的“实力”、“声望”等因素，努力做到平衡。可以说，这样的座次就是一个综合考虑、平衡的一个结果。

先看看天罡星的位次。宋江第一堪称众望所归。公孙胜排在第四位，此人虽然武功低微，可资格老，尤其是装神弄鬼自有一套，在下层社会中颇有奇效。值得注意的是卢俊义位居第二，硬压吴用一头，可能会引发争议。论武艺，卢俊义也许是梁山第一条好汉，但若要论各人对梁山的贡献，并考虑今后对梁山的作用，无疑吴用远超卢俊义。在梁山，好汉成群，林冲等五虎上将的武艺未必会弱过卢俊义多少，要找到卢俊义的代替人选并不困难，而要找到接替吴用的角色，却太不容易了。宋江让卢俊义坐第二把交椅，究竟是如何打算的呢？我以为，从中正好透露了宋江心灵深处的极度自卑心理。宋江不过是一郓城小吏，而吴用是一穷酸秀才，在宋江心目中，如果梁山两大头领的出身都不高贵，原来在社会上的名望都非常低微，梁山这支队伍就始终难登大雅之堂，而卢大员外广有资财，“是河北三绝”，“北京大名府第一等长者”，更兼“一身好武艺，棍棒天下无对”，在这一方面正好满足宋江的虚荣心。像卢俊义、柴进在天罡星中的位次都那么靠前，身份是一个重要因素。那么宋江要卢俊义坐第二把交椅，他难道不担心吴用拆台吗？更何况，按前面的分析，这样一个座次应该是宋江吴用两人合谋的结果，吴用在商议过程中就没有表示自己的不满？我以为，在定下这样一个座次时，宋江和吴用之间肯定是有一个约定的，最后双方才达成了妥协，吴用也才会同意让卢俊义排在自己的前面。至于这二人会有什么样的约定，留待我在《梁山泊的权力结构》一

文中细加分析。

天罡星的座次中，最惹争议的应该是林冲居然在新入伙的大刀关胜之下，屈居第五。论武艺，这二人堪为敌手，然而论资历，论对梁山的贡献，可以说如果没有林冲的火并王伦，就没有目前梁山的这种局面。林冲的地位何以在关胜之下？数十年前，有一位叫萨孟武的学者，写过一本《水浒传与中国社会》，专门分析过这个问题。他认为，按书中所写，因为关胜是关云长的嫡派子孙，而下层社会中又有一种对关老爷的崇拜，所以，就不能不对关胜格外尊崇了。萨先生所说自然有一定道理，但这应该只是很表面、很微不足道的一个原因。不仅仅是关胜，我们看宋江把招降过来的一些原宋朝将官，比如秦明、呼延灼等人，都放在前列位次，压在鲁智深、武松这些人的头上，其中的深层原因应该追论到宋江的私心。宋江一心巴望朝廷招安，他的许多部署都是围绕这一战略思想进行的，排座次这样重要的权力分配手段，当然也不例外。他必须考虑到，怎样进行权力分配，才最有利于他将来接受招安。而后来招安过程中，鲁智深、武松等人强烈反对，关胜、秦明、呼延灼却默不一言，不正说明现在宋江如此安排座次，的确是很有远见的一步棋吗？

排座次中难免会有一点私心，但地煞星中，宋江的弟弟宋清何以会排得那么低？以大头领胞弟之尊，不说入天罡星，在地煞星行列中弄个前几名，又有谁会非议呢？其实这是以世俗社会的那套规则去看江湖社会了，在崇尚暴力美学的江湖社会中，宋江这个时候还不过是一个草头王，“革命尚未成功”，万万不敢如此明目张胆地去徇自己的私情，否则，他是压服不了这群敢上天入地的豪杰的。只有在他摇身一变，从江湖社会中进入庙堂的时候，依靠远较个人武功更为强大的暴力，和那一套上下尊卑的新伦理，他的戚属如宋清之流，才有可能沾溉。“一人得道，鸡犬升天”，这只可能是在世俗社会中，不可能发生在江湖。

江湖和世俗社会还有一个重大区别，这就是相对而言，它不那么注重资历。世俗社会中，孟子说过：天下达尊者三，德一，齿一，爵一。“齿”，也就是年龄和资历排在很重要的位置，而在江湖中，一个缺乏足够实力支撑却又爱摆老资格的人，是会遭到蔑视的，甚至可能引来杀身之祸。这一点从梁山的这个排座次活动中也体现得较为分明。杜迁、宋万、朱贵，虽然是王伦的旧人，但究竟是开创梁山基业的元老级人物，这朱贵更是毫无私心、忠心耿耿，他是反对王伦实行关门主义的，后来无论在晁盖还是宋江这两任领导手里，都堪称任劳任怨，现在却都在无尺寸功的宋清之下。那个白日鼠白胜，虽说没有什么本事，但资历甚老，当年晁盖打江山，做下第一笔大买卖“智取生辰纲”时，白胜就建立过殊勋，现今不过在地煞星中排在倒数第三位。如果是在世俗社会，这种人事安排怎么能叫白胜等人心平气和呢？可是没办法，这就是江湖。

梁山泊的权力结构

作为非同于世俗社会的江湖，水泊梁山是由一群原来多数在底层生活的人们构成的组织。不论是遭受上峰迫害无处栖身的下级军官，身无长物游食四方的游民，还是在赋税盘剥之下求告无门的平民，他们既然舍着身家性命聚合到这个组织中来，那自然对这个组织寄予着理想，希望这个组织和他们往日容身的那个社会有所不同。这样一种理想，实际上就是底层民众常有的政治、经济平等的幻想，即既要均贫富，又要等贵贱。

这种对于政治和经济平等的朴素理想，水泊梁山似乎已经实现。在经济上，抢来的财物，除了储存一部分以为备用，其余的人各一份，所谓“大块吃肉，大秤分金银”是也；在政治上，相互之间称兄道弟，也几乎没有什么等级界限。但这实际上只是一个虚幻的图景。就经济而言，如果没有生产资料的平等分配，是谈不到经济平等的，何况就是这种粗放的“人均一份”的平等，有资格享用的也只能是那一百单八个头领，那些喽罗们何尝有均分的福分呢？就政治而言，一个“天书”，一个座次，实际上已经宣告了长幼尊卑无序局面的终结。

虽然英国思想家罗素说过，“在人类无限的欲望中，居首位的是权力欲和荣誉欲”，而所谓“权力欲”简而言之，就是一种希望操纵别人的企图，天生与平等对立。但认真探究，水泊梁山的这种从粗放式平等到终于不平等(尤其是在政治上)，并非宋江一人之私心，实在是形势发展之不得不然。那种粗放式的政治和经济平等，只可能适应江湖组织的初期阶段，在那个时候，组织占有的财物，除了吃掉喝掉，剩不下多少，组织中聚合的个体，还相当有限，硬要建立一种等级，也几乎没有什么实质性意义。这个时候，一种粗放式平等，对组织中的任何人而言，都有益无害。然而这个组织一旦发展起来，则必须建立一套秩序，没有秩序，尊卑无序号令不遵，只会是一群缺乏战斗力的乌合之众，而秩序的建立，又自然要以牺牲平等为代价。

排定座次的水泊梁山，既然为了组织的发展，不得不放弃了平等的乌托邦理想，那在这样一个组织中，就自然产生了权力的巨大阴影。分析梁山的权力结构，大致说来有这样两个问题：一是梁山的权力中枢是怎样构成的？二是在梁山，权力的运作是一种什么样的形式？

梁山权力中枢之构成

梁山的最高领导权在谁手里？

一般人都会目光放在天罡星的前两位上，即宋江和卢俊义，梁山竖立的两面大旗，也是印着宋、卢的名号：“山东呼保义”、“河北玉麒麟”。其实这是很皮相的看法。宋江当然是梁山的最高决策者，而能够参与和制定决策的，除了吴用，梁山再没有第二人，也就是说，卢俊义上山后，虽被推坐第二把交椅，但实际上吴用的权力并没有得到丝毫削弱，宋江吴用仍然是梁山的权力核心。上个世纪五十年代，一个叫杨柳的先生著了一部《水浒人物论》，他就看到了这一点，书中说：梁山的一切大事都是由宋江和吴用两人最后决定的，“梁山泊，除了宋江，吴用是唯一可以发号施令，同时他的话能获得众弟兄服从和拥护的一人。卢俊义虽身为副头领，但他的话却没有像吴用那样具有威权和实际约束力”。这样的判断完全可以从《水浒》的一些细节描写中得到证实。梁山排定座次后，发生了很多大事，但无论是迎战童贯、高俅等朝廷的征剿之师，还是定下接受招安之策，还是在征辽、讨方腊等大小战斗中，都可以看到类似这样的话，“宋江与吴用已自商量好计策”，“宋江便与吴用商议”等等，却很少看到在这种最高决策的过程中，卢俊义的身影。

那么，以宋江吴用为核心的梁山权力中枢，是怎样形成的呢？宋江似乎可以少论，有历史的原因，也有经他个人使用各种手段建立的人脉、权威的作用。吴用呢？按杨柳先生在《水浒人物论》一书中的看法，吴用在梁山之所以拥有这么高的威信，“这和他的革命历史悠久以及能力强是分不开的”。这当然没错，吴用的作用在梁山是无人能够取代的，不过，仅此一点，却无法说明为什么要把卢俊义排除在领导核心之外。是啊，宋江既有手腕，又有威信，吴用则算无遗策，这二人都应该进领导班子，应该是权力核心，但卢俊义分明是第二头领，为什么却只享有一种名分，实际上却没有多少权力呢？

我在前面《座次之谜》一文中曾经说过，因为宋江考虑到卢俊义梁山第一人的武艺，更因为其显赫的地位和声望，所以利用天书，硬把一个刚上山入伙的卢员外推到了第二把交椅上。宋江如此安排，最大的一个障碍显然来自于吴用，因为吴用的第二头领的位置在卢俊义上山之前，就已自然形成。所以我分析，宋江吴用排定座次时，两人之间肯定有一个交易，最后才达成了妥协。究竟是什么样的交易？书中虽然没有点透，但按照情理去分析，却并不难得到一个大致的判断。

权力和爱情一样，都是排他的。原本拥有仅次于宋江权力的吴用，现在却突然被告知，他必须让出第二头领的位置，其心情是可想而知的。幸好吴用手里并非没有牌打，他的无人能及的妙算就是他和宋江博弈的最大本钱，而宋江对吴用打出的这张牌又显然不能无动于衷，宋江很清楚如果吴用拆台，撂挑子，对梁山和他将意味着什么。宋江必须妥协，但要这个第一头领在吴用的攻势面前完全妥协和退让，又是不可能的，否则还叫什么梁山泊王？今后怎么号令群雄？对宋江来说，最好的结果就是既坚持自己原来让卢俊义坐第二把交椅的决定，又拿出一点东西给吴用，把他安抚下来。而对吴用来说，最好的结果则是既避免和第一头领彻底决裂，又能满足自己对权力的渴望。双方博弈的结果，只能是各退一步，达成一笔双方都能接受的交易：让卢俊义坐第二把交椅，成为名义上的最高领导人之一，但不具备决策权，而吴用虽然失去了最高领导人的名分，却拥有实际的权力。

就这样虽然没有刀光剑影，却也经过一番折冲樽俎，梁山的权力中枢终于形成了。接着就是权力如何发挥作用了。

梁山权力的形式

一个叫丹尼斯·朗的美国人写了一本《权力论》，他在书中分析权力有三种形式：武力，操纵，说服。美国人看得很准，在市俗社会中，权力就是这样发挥作用，让别人遵循你的意愿行事，而江湖社会则也概莫能外。

不过，水泊梁山和大宋朝廷相比，权力运行的外部环境和客观条件毕竟还有很大不同。大宋朝的权力，是在一套苛密、完整的规则和秩序下运行的，固然也会有一些像吴思先生所说的“潜规则”，但多数还是以成文形式固定下来，其礼法传统则更深深植根于儒家的意识形态。谈到过去的皇帝，今人喜欢一概以“黑暗”“专制”称之，钱穆先生曾大不以这种简单的判断为然，结果又遭到了一些今人的痛批。现在不必详论其中是非曲直，不过可以确定的一点是，即使是皇帝，他也不能不受到很多牵制，皇帝的权力并非是没有边界的，他的权威要形成为国家意志，就必须自觉契合千百年来积淀而成的礼法传统。他的言行准则，都是有一套精细的制度的，能够做什么，不能够做什么，黑纸白字上都写着呢。一个聪明的皇帝，是会自觉遵守那一套规则的，因为他知道这于他的统治有利，而只有昏而暴的君主，才会肆意践踏这些规则，并悄悄迎来权力的崩坍。水泊梁山的权力运行没有这些牵制，突出表现为无规则，其实这也是梁山的生存和发展所必需的。可以设想一下，如果水泊梁山也和大宋朝廷一样，建立一套繁文缛法，详细界定那些头领能做什么，不能做什么，宋江吴用等人的言行又必须符合哪一条哪一款之规定，那梁山势必失去它原有精干灵活的快速反应优势，这个偏居一隅、人少势薄的江湖组织也就很难与宠然大物的朝廷对抗了。

相较于大宋朝廷，梁山的权力运作很简单，就是靠宋江吴用的一张嘴。过去说皇帝“口含天宪”，很多时候并不准确，除了乱世，君主们并不能随便以自己的一句话定某人的生死和升迁。只有江湖社会，其头领才真正是“口含天宪”，组织的意志几乎都是靠嘴传递出去的，头领吐出的话，就是代表这个组织的意志，其手下成员必须无条件接受。这种方式简易快捷，因为头领的权威是得到公认的，在组织发展之初，往往会有奇高的效率。有人会问，如果头领以嘴下达指令，下面的人却不执行，事后以“口说无凭”抵赖会如何呢？不要忘了，这是江湖社会，除非此人想被众人所蔑视，不准备在这个组织混下去了。

以宋江吴用为核心的梁山权力中枢，“口含天宪”，自然是以他们拥有权威作基础的。除此之外，他们还另有权力保障机制，也就是美国人所说的“武力”“控制”和“说服”。“武力”是不用多论的，当然，在梁山，权力中枢很多时候并不需要把这一点赤裸裸地显示出来，因为梁山上的所有人对此都心知肚明。“控制”，美国人说：“当掌权者对权力对象隐瞒他的意图，即他希望产生的预期效果，就是企图操纵他们。”宋江从上梁山之日始，就有一套完整的规划，却始终未挑明这一点，相反却打出一个让武夫们莫测高深的“替天行道”旗帜，排座次时，故弄玄虚，说什么“我等既是天星地曜相会，必须对天盟誓，各无异心，生死相托，一同扶助宋江，仰答上天之意”，就是借助天老爷，以期增强他对梁山的控制能力。“说服”，当宋江准备接受招安，却面对阻力时，“武力”不能用了，因为反对招安的并不是极少数分子，“控制”也失灵了，因他这时已无法隐瞒自己的意图，于是只好使出了“说服”这一招，说虽然满朝文武多是奸邪，但皇帝还是“至圣至明，只被奸臣闭塞，暂时昏昧”，终有云开见日的一天，到那时“知我等替天行道，不扰良民，赦罪招安，同心报国，青史留名，有何不美！”真是苦口婆心，果然颇有效果，“众皆称谢不已”。

权力是一把双刃剑，并不纯然就是一个坏东西，水泊梁山是一个江湖组织，自有其目标和功能，因此就不可能是一个没有权力阴影的世外桃源。权力就有权力的共性，但既然是江湖社会，梁山的权力结构又自有其特殊性，读《水浒》时，于此两方面均不可不察。

“逼上梁山”考

一部《水浒》让“逼上梁山”成为流行词语，在中国人的观念中，起而与一种固有秩序对抗的英雄几乎无一例外都是被“逼上梁山”的。这种观念是从哪里来的呢？据专家考证，在关于《水浒》的各种戏曲中，“林冲雪夜上梁山”一出最为人们所乐见，在“大雪正下得紧”的舞台背景中，林冲握着枪，背着酒葫芦，义无反顾地走上了一条他原本做梦都没有想过的道路，真是悲歌慷慨，催人泣下。可以说，正是林冲逼上梁山这一幕在读者和观众心目中印象太深，早已积淀为一种集体无意识，乃使人们将其对林冲的经验放大了，扩展到了每一个梁山好汉的身上，以至以为他们都和林冲一样，是被“逼上梁山”的。

其实，这种原本只针对一个人的经验，硬将其扩大化，是非常荒谬的。具体到梁山，那些啸聚一方、杀人越货的豪杰们，真的是被一种不可抗的外力硬逼到了这一地步吗？那就让我们较真一回吧。

怎样才能叫“逼上梁山”?

讨论一个概念，先得规定其内涵和外延。

“逼上梁山”，关键字眼唯在一个“逼”字。“逼”者，迫不得已也，即除了上梁山，自己就没有更好的选择，意味着没有栖身之处。一个“逼”字，它还同时说明当事人原本是排斥梁山的，原来压根儿就没有想到会以梁山为栖身地，是一种他自身无法抗拒的力量，推着他走上了这唯一的道路。

对照这一内涵，我们且将一百单八将细细数来：

晁盖吴用阮氏三雄白胜等人，是因为劫了生辰纲，躲避追捕来到梁山的。如果不犯下大案，晁盖和吴用的日子应该说都过得相当不错，晁盖甚至还是一方富豪。当然阮氏三雄以打渔为生，家境差一点，但也绝非不上梁山就活不下去的地步。而且阮氏三雄原来是很羡慕梁山好汉大块吃肉大碗喝酒之生活的，哪里还用得着“逼”呢?

宋江，原在衙门里当差，在那一县也是个有头有脸的人物，我们没有看到，有什么人什么力量在硬逼着他上山落草。诚然，在他“通寇”，继而杀了阎婆惜，又在浔阳楼写“反诗”后，的确是只有梁山这一枝可栖了。不过，他的“通寇”、杀人等等，那可是他的主动选择，没有什么人威胁他非如此不可的。

将官群体中，花荣肯定不能算“逼上梁山”，因为他早就因受文官刘高压制，对梁山充满了欣羡之意；土豪群体中，李应是在梁山与祝家庄的恶战中，就开始和梁山暗通款曲；鲁达、武松、杨志、李忠、燕顺、王矮虎等人，在上梁山之前就已另占山头，称雄一方；至于张青和水上的张横张顺兄弟、揭阳镇上的穆弘穆春兄弟，要么早就在做杀人越货的勾当，要么本来就是地方恶霸，都是“逼”别人的角色，以至宋江和负责押解的朝廷公差在穆氏兄弟“关照”之下，连一个歇脚的地方都没有，这样的人物哪里还会被人“逼”呢？

……

细数一百单八将，解珍解宝兄弟，虽然从他们和土豪毛太公一言不合，就“打碎了厅前椅桌”的表现，同时考虑其与提辖孙立的亲戚关系，基本可以认定他俩在地方上也是极为厉害的角色，但到底是被陷害，可以勉强把他们的劫狱入伙视为“逼上梁山”，除此之外，整个梁山，真正够格能称“逼上梁山”的，其实只有一个林冲。他是在固守一个良民行为规范的情况下，被人屡次欺凌，几乎殒命，乃不得不拔刀而起，寻一安身立命之处。而在那个时候，能够满足这一条件的只有梁山。

有人会说，卢俊义，还有那一群因与梁山作战不利被擒的将官们，他们的入伙何尝不是被逼的无奈之举呢？按我理解，他们也是不能算的。“逼上梁山”，在人们约定俗成的理解中，实施“逼”这一动作的人应该原属于社会的主流势力，比如朝廷、官吏、乡绅等本应代表主流价值的一股力量，而只有当这样一股力量突然扭曲变态，不仅不维护善良、恭谨等主流价值，反倒剿灭之、压迫之的时候，遭受逼迫一方的反抗才特别具有悲剧意味，才更能震撼人心。而卢俊义、秦明、呼延灼等人，充其量只能算“诱上梁山”，而且实施“诱”这一动作的人还并非原来社会的主流势力，而实际是梁山，宋江他们或以计诱，或以言语诱，于是悉入梁山彀中。

林冲“逼上梁山”，让人掩卷泪下，为之悲愤，这符合“逼”的特征；而卢俊义、关胜等人在梁山的诱导下上梁山，却颇具喜剧色彩。同为上梁山，其中差别实不可以道里计。

为什么会有“逼上梁山”神话?

虽然在梁山这个江湖组织中，真正被逼得走上反抗旧秩序这条路的，实在微乎其微。但这并不妨碍这群豪杰们欣然打出“逼上梁山”这面旗帜。“奸臣当道，官逼民反”，这是宋江和众好汉们随时随地都要挂在嘴上的一句口头禅。还不仅仅是梁山，只要考察中国历史上任何一个反抗旧秩序旧伦理的组织，就会发现，这都是一个屡试不爽的金字招牌。于是，中国历史上诞生了一个“逼上梁山”的神话，人们也渐渐认可了这个神话。

在中国历史上，虽然没有成熟的政治学，虽然老百姓身受物质和精神的双重奴役，但老百姓并非就全然没有认识到，面对苛政，他们有反抗的权利，因为这本来就是人生而为人的一种本能。尽管如此，面对苛政和恶人，中国底层百姓中真正起而反抗的，却始终是极少数，大概正是看到这一点，也才有一些人士感叹“中国的老百姓太好了”吧？现在讨论这一问题，我尽管是个憎厌无秩序的人，但仍然坚定承认，“官逼民反”有合理性，也并不违背现代政治学原理，然而窃以为，必须提醒人们深加注意的是，在中国历史上，“官逼民反”的逻辑落到现实中，起来反抗的却往往并不是遭受凌逼的人。

“官逼民反”，实际上登高一呼的人很可能在官逼之前就已经有了反的思想和行动了，梁山好汉们大多如此。但他们仍然要打出“逼上梁山”这块招牌。

有没有这样一块招牌当然是大不一样的。

第一是可以制造悲情。林冲雪夜上梁山，之所以让旁观者悲愤难抑，是因为被碾压的人在林冲身上看到了自己，感同身受，产生了共鸣。而一旦一个组织也以被压迫者的形象在公众心目中定格，那它定能获得深广的同情，用现代语言，也就有了群众基础。

第二是可以装扮自己。梁山好汉上梁山的动机不一，有的为名，如宋江就是因为感叹功不成名不就，才一步步走上了梁山，有的为财，如晁盖、吴用、阮氏三雄，有的为色，如王矮虎，有的可能干脆想名、财、色兼收。然而这样的底色毕竟并不光鲜，只好留给自己人看的，现在用“逼上梁山”这一床上好的锦被遮盖，端的是花团锦簇了。

第三是可以树立合法性。一个王朝建立统治需要合法性，即使这个王朝怎么看也不具备什么合法性，但它也要死活找一种理论来证明之。反抗这个王朝的人也需要一种合法性，而在中国历史上，因为缺乏成熟的政治学，没有什么理论资源，这种合法性却并不容易找到。“逼上梁山”恰恰就是最容易想到的，在底层民众中也最易收到奇效，因为它并不依靠什么深奥学理的解说，诉诸的不过是人的本能：蚊子咬你几口，你不也要拍它一下吗？这样一问，还会有多少百姓不理解不支持这种反抗的行动呢？

……

于是，一个“逼上梁山”的神话，就这样催生了。而从另一方面看，虽然有人催生了神话，但要让这个神话具备信仰似的力量，却还离不开公众的传播，和对它的坚定的信念。中国历史上，底层百姓为什么会乐于传播“逼上梁山”这样一个神话呢？其实也不难理解。第一个原因，他们认为对主流势力，这是一种很好的警示，就像兔子逼急了也要做出咬人的动作一样，以此希望换来主流势力一定的妥协，让自己能够稍稍像样的生活；第二个原因，熟悉中国历史的人就都知道，虽然最先想到利用“逼上梁山”这块招牌以号召民众的人并不多，但一旦形成气候，特别是在一个秩序失范的时代，就可能会有越来越多的人被裹挟进去，他们在跟着走的同时，不会不知道这是一条充满凶险的道路，而这时他们就需要有一种东西支撑着自己继续往下走，就好比人在暗路中常要以吹口哨解除恐惧感似的，“逼上梁山”一说，正好让他们找到了继续往下走的正当性，他们终于说服了自己。

“逼上梁山”之所以和“劫富济贫”一样，成为历史上传唱不衰的经典神话，从某种程度上讲，这是因为英雄和群氓们形成了合谋。

英雄与情色

曾经在网上读到一篇很有趣的文章，题为《我要嫁给梁山好汉》，大概出于一位待字闺中的时尚女青年之手。她要嫁给梁山好汉的理由有四条：一是梁山好汉没有绯闻，一个个都像坐怀不乱的柳下惠。嫁给梁山好汉，不必担心他们在外面乱搞女人；二是嫁给梁山好汉，不会被欺负，而且还能得到他们强有力的保护；三是梁山好汉个个都是坦坦荡荡堂堂正正的真正男人，凭自己水平能力打拼自己的位子；四是梁山好汉个个是侠肝义胆除暴安良的正直之人。嫁了这样的男人，既放心又安心。

梁山好汉是否都是除暴安良的正直之人，女性嫁给他们就会得到很好的呵护，我在后面第二辑“人物篇”中，会有多篇加以论述，此处不赘。我最感兴趣的是第一条，“梁山好汉没有绯闻，一个个都像坐怀不乱的柳下惠。嫁给梁山好汉，不必担心他们在外面乱搞女人”。

对于这一条，我首先要指出，梁山好汉并不是个个都像柳下惠，比如这支大军中就有王矮虎、小霸王周通这样的色中饿鬼，就是他们的大头领宋江，初时也是要“夜夜与婆惜一处歇卧的"，"向后渐渐来得慢了"，表面上似乎是宋江真的"于女色上不十分要紧"，按我看只是在遮掩"玩腻了"的事实而已。

不过，从《水浒》一书的总体看，绝大多数梁山好汉都的确像性冷淡者，武松面对潘金莲的挑逗，反应是"武二是个顶天立地噙齿戴发的男子汉，不是那等败坏风俗没人伦的猪狗。嫂嫂休要这般不得廉耻。"在潘巧云美色面前，石秀是"顶天立地的好汉，如何肯做这等之事"。晁盖、卢俊义等也是"打熬筋骨""打熬气力""不亲女色"。梁山好汉更仿佛以是否能禁欲来判断英雄的品级，像王矮虎，犯了宋江所说的"溜骨髓"三个字，所以在梁山中只能是下下人物，哪怕他娶的是大哥宋江的干妹子。

英雄拒绝色的诱惑，对这一点，不论是声称要嫁给梁山好汉的称赞者，还是从人性的角度大加贬斥者，都没有否定"英雄不好色"的事实，仿佛梁山好汉真的都是天生与"色"绝缘的特殊材料，始终在张扬美色在前不动心的价值观。而据我的考察，这应该是一个严重的误解。

"对女色不动心"与"对女人不动情"

在我看来，与其说梁山好汉始终在张扬"对女色不动心"的价值观，不如说他们最看重的是"对女人不动情"。

"对女色不动心"与"对女人不动情"，这两者的区别那可是相当的大。不好色，在任何时代任何社会，都可能是一种让人肃然起敬的美德，而对女人不动情，则只能是在江湖组织中，置身游民文化的氛围里，才能成为主旋律。游民们习惯于餐风宿露、刀口舔血，没有家室之累，没有情感之绊，无牵无挂，也才好风风火火闯荡江湖，杀人与被杀都能以一个"痛快"了得。所以，他们也许因为受传统的"一滴精一滴血"思想的影响，怕纵欲耗损了气力，

"溜了骨髓"，可能会对女色表现出恐惧，但最根本的，却还是主张要对女人不动情，冷漠乃至仇视。

不妨来分析一下梁山好汉与情色相关的几起事件。

先看武松。武松在《水浒》中写得像神人一样，但最早流传的武松故事却不是这样。龚开的《宋江三十六人赞》已有"行者武松"一条，那赞语的后半句是"酒色财气，更要杀人。"那时的武松，还是一个不守戒律、贪财使气的酒色行者，但随着故事的变异、流传，《水浒》中的武松终于定格成为不贪美色、快意恩仇的英雄。这只能说明《水浒》的最后成书，是在一个游民文化勃兴的时代里。然而即便是这样，原来真实的武松在书中也还留下了一些残迹：刚刚拒绝嫂嫂引诱后来又愤而杀嫂的武松，到了十字坡，面对孙二娘，却说起了风话，先是说："我见这馒头馅肉，有几根毛，一像人小便处的毛一般"，又接着问："娘子，你家丈夫却怎地不见？"更挑逗曰："恁地时，你独自一个须冷落。"再回头看他对潘金莲的斥责："武二是个顶天立地、噙齿戴发男子汉，不是那等败坏风俗、没人伦的猪狗！嫂嫂，休要这般不识廉耻。"对照一下，武松在嫂嫂面前的极重风俗和人伦，怎么到了一个陌生的女人面前，就完全不见呢？其实很简单，武松之怒斥潘金莲并不表示他就不好色，他顾忌的只是传统伦理和江湖的名声。

再看史进。史进在天罡星中位居马军八虎骑兼先锋使之一，也算响当当的人物了，在宋江引兵攻打东平府时，他因为想入城去刺探情报，想到了老关系，"与院子里一个娼妓有交，唤做李睡兰，往来情熟"，不料被妓家报官被擒。解读英雄与情色的关系，这是一个很经典的例子。游民们对逛窑子其实是向来很热衷的，因为可以嫖完就走，没有什么后遗症，所以爱逛窑子的史进在江湖组织中并没有受到歧视，后来还能升到天罡星的位次。然而史进在这里却犯下了游民的一个大忌讳：不但嫖了，还"好生情重”。在游民看来，这就大大不妥，要坏大事了。

还可以看双枪将董平。东平府程太守的女儿“十分颜色”，董平借梁山攻城的机会提亲却被婉拒，因此倒戈，率领梁山大军赚开城门，自己“径奔私衙，杀了程太守一家人口，夺了这女儿。”按说一个人为了女色这般作为，应该早已失去了英雄的资格，可是梁山照样礼待董平，让他做五虎上将之一。这个例子也很能说明问题：只要武功高，好不好色并不紧要，王矮虎之所以被人瞧不起，骨子里的原因还是其武艺太过低微罢了。而更重要的是，董平虽然抢了别人的女儿，却杀了别人一家，在游民们看来，这就显示他仅仅是为色而绝非为情所惑，完全没什么大碍了。

以上略举三例，都可以看出，梁山好汉们在“对女色不动心”和“对女人不动情”的问题上，他们更看重后者。《水浒》一部大书，我们哪里能看到关于英雄情爱的动人篇章？自然，梁山上人才济济，也并不缺乏既“对女色不动心”，更“对女人不动情”的“完人”，比如李逵就是，他和宋江戴宗在浔阳江酒楼上喝酒，一个卖唱的女子扰了他的清兴，他就要报以老拳，简直让人怀疑他的器官是否发育不全；石秀也是，既能顶住潘巧云的诱惑，更能在绝色佳人讨饶时，冷冷地说一句：“嫂嫂，不是我！”

梁山好汉如果真的不好色，那当然是很可贵的，可如果更进一步，强调对女人还不能动情，不知道那位想嫁给梁山好汉的现代女子还有没有兴趣？

光棍集团的性问题

说梁山大军基本是一个“光棍集团”，大概是没有什么疑义的。

梁山好汉们上山之前本就以打光棍者居绝大多数，有些好汉，因缘际会，也曾抱得美人归，或娶作正室，或另辟外宅，或露水姻缘，却大多最后以光棍之身上山。如林冲有妻，被高俅父子陷害自杀；秦明有妻，被宋江设下毒计让青州知府砍了头；卢俊义、杨雄有妻，却都“不守妇道”，被自家男人“清理了门户”；宋江无妻，但有个像外室又像奴婢的阎婆惜，最后也是宋江亲自杀掉了。这些人士，上梁山后未闻再娶，也都没有“偷香”的绯闻。

盘点一下，梁山好汉头领中有妻室的大概只有以下几人：徐宁、张青、孙新、王矮虎。其他人都应是光棍。其实就是这几人中，除了徐宁外，另外张青等人的妻子一直和男人一样，活跃在江湖拼杀的第一线，大概在群雄心目中早已失去了性别。头领都是如此，其他喽罗们即使不作交待，按照情理就更应该是光棍了。

按说，这样一支光棍集团，是很符合梁山好汉们的理想的。他们不是如宋江所说，“贪女色，不是好汉的勾当”么？

然而，不贪女色，并不代表就完全没有“欲”的需求，这是一个非常常识的问题。圣人早就说过，“食、色，性也”，何况原本是在高度丰富的宋朝市井文化中浸泡过的江湖豪杰？更何况，正如我前面所分析的，梁山好汉未必真的就是和“色”绝缘的特殊材料？

于是，就有了一个看似不太正经却吻合人性和情理的问题：梁山上的光棍集团究竟怎样解决性的需求？说句并不夸张的话，因为《水浒》的作者对此几乎没有花费笔墨，给人解读留下了很大困难，我以为这堪称《水浒》一书中最大的谜团。

《水浒》的作者在游民文化勃兴的社会氛围中，有意张扬梁山好汉不亲女色的钢筋铁骨，连正常的人欲都作了模糊处理，但这显然并不表示，在那么长的时间里，一支光棍大军就完全不会因正常的人欲，而出现各种各样让人烦恼的问题。然而老实说，要解决我认为的《水浒》最大的谜团，书中是没有多少有价值的内容可供寻觅的，而我写作本书的一个宗旨，又是坚持立足于《水浒》文本，不戏说，也不凭空臆想。所以，我只能在此提供一些思考的线索。

首先，应该杜绝一个也许方便但非常不合传统伦理的想法，即在那仅有的几个梁山女人身上打转。这是完全不可能的，不仅仅因为传统人伦在这一方面的限制，即使在游民中间也是有效的，更因为游民向来是视好汉荣誉高于一切的，这就像武松即使对潘金莲的美色动了心，但只要一想到他可能因此而失去江湖中的威望，也会克制自己的欲念。

那么，是像王矮虎那样抢几个压寨夫人？可是这样一来，整个秩序就乱了，因为极容易上行下效。事实上也是不可能的。

看来，只有最后一条线索了。梁山大军是经常要下山劫掠的，当然也许诚如下山前的初衷，主要是为了金银和粮草，但中国的传统，无论是在市井社会，还是在险恶的江湖，向来是“女子”和“玉帛”连在一起的，加之，梁山大军一旦攻破城池，几乎谈不上什么秩序，这有书中的文字作证：梁山攻破大名府，照例大肆掳掠，倒是那个行刑的刽子手蔡福好心，请求“可救一城百姓，休救残害”，“吴用急传下号令去时，城中将及损伤一半”。在城池陷落还并不长的一段时间里，居然“将及损失一半”，不能不说这里充分显示了光棍大军的赫赫“武功”，在这样的过程中，难道还一定会单独对“不亲女色”发一道命令？或者即使头领不发命令，这群光棍们也会默念“英雄最忌溜骨髓”的咒语，只顾抢钱和杀人，而不做任何别的事情？

我不相信。

梁山泊的三条道路

作为一支起初以反抗主流价值及秩序为取向的江湖组织，梁山泊经过一段颇有声势的壮大发展期，最终却又以接受朝廷招安的方式，表示了向主流价值及秩序的回归。

对于这样一种结局，读《水浒》的人中，多数认为是一件憾事。有一个时期，宋江还被戴上了“革命不彻底”、“葬送了革命事业”等莫名其妙的帽子，说帽子“莫名其妙”，因为梁山泊所从事的本来就不是什么革命的事业。

正因为对这样一种结局的不满，所以，千百年来，一直有人试图改变梁山泊英雄所走的道路，以获得另一种“了断”。明末金圣叹应该是第一个，他删去梁山接受招安以后的几十个章节，而径以卢俊义的一个怪梦作结。什么样的怪梦呢？就是梁山一百单八将尽被宋朝大臣嵇叔夜捕获处斩。对于金圣叹“腰斩”《水浒》的功过是非，此处不想讨论，不过，金圣叹对梁山接受招安的结局不满是清清楚楚的，他想让水浒英雄继续造反的意图也是清清楚楚的。说起来，梁山泊除了接受招安，实际上也只有两条道路可走，即要么自动散伙，要么造反到底。

接受招安，自动散伙，继续造反，这就是梁山泊的三条道路。走接受招安这一条道路，会到达什么终点，书中似乎已清楚揭示，但对作者的这种安排，我是颇不以为然的，因为这既不符合宋江好弄权术的性格，更不契合历史的规律。试想一下，宋江安身立命之本，唯在以权术胜，即使接受招安，他难道不知道在身处猜忌之下，保存实力对自己的重要？怎么可能傻乎乎地主动去征这个讨那个，把一点和朝廷博弈的老本赔光了事？从以往历史上看，一个处在困境之中、虚弱的政权对待那些投诚归来的原反叛集团，尽管事实上不能不在内心里着意提防，但限于客观时势，至少在表面上也要表现出相当优礼的态度，更不敢过分凌逼，因为那是有为渊驱鱼为丛驱雀的危险的，弄的不好这一力量就会跑到政权的另一边，反为敌助。而这时的大宋王朝，外有强敌窥伺，内有民变频频，就是一个典型的虚弱政权，从情理上讲，他不可能对“反正”的梁山大军采取那样阴辣的招数。实际上在大宋朝以前，反叛势力投诚后享尽尊荣的例子是数不胜数的，比如晚唐和五代时期，那个跟随黄巢造反后来又投降了唐王朝的朱温，因为他善于保存实力，擅长和动荡时代各方力量相周旋，不是还坐上了皇帝宝座吗？

宋江接受招安后，究竟是如《水浒》书中所写没有善终，还是依赖梁山大军这一老本，稳稳地坐享荣华富贵，因为史书没有明确的记载，暂且存疑。我们且分析一下，梁山泊如果拒绝招安，会有着怎样的命运。

自动散伙：不可能的选择

我虽然把“自动散伙”列为梁山泊的选项之一，但这只是从逻辑上穷尽各种可能，而事实上，这种可能性是几乎不存在的，梁山泊选择这种道路的概率极低。

为什么这么说呢？很简单，“自动散伙”对梁山群雄来说，是一种性价比最低的选择。因为中国历史上的各代统治者，都把犯上作乱视为最不能宽恕的大逆不道之罪，梁山英雄以其矫矫不群的声势和千军辟易的威风，早已在统治者的薄籍乃至心灵上刻下深深烙印，大宋朝皇帝在书房的屏风上“御书”宋江、方腊等四大寇的姓名，衔之次骨，跃然纸上；中国历代的法律又多不人道，绝不会因为一个曾经造反的人，现在要改过从新，就真的把前账一笔勾销。也就是说梁山群雄即使自动散伙，仍然无法融入主流社会，只会成为被捕获的对象。而当自动散伙后的梁山好汉们，一旦发现自己仍然不能被主流秩序所接受，想有所抗争时，又会蓦然发现，当初的散伙等于自废武功，大大减少了和官方周旋的能力，只会极便于官府各个击破。

这是从情理上分析，梁山泊不会选择自动散伙。另外从利益上看，游民、侠士、原宋朝将官们当初聚集到梁山的旗帜之下，都是有着相当世俗的理想的，要么是想吃香的喝辣的，要么是想暂时栖身以便东山再起，不论梁山泊的领导中枢对梁山的前途有着怎样的考虑，但只要梁山的大旗还在飘扬，这一切理想就都还有所着落，而一旦自动散伙，则意味着理想彻底幻灭，以前所付出的一切努力都打了水漂，这些人怎么可能答应呢？

既不想自动散伙，如果又不愿意接受招安，那就只有造反到底一途了。

造反到底：两种结局

梁山大军如果决心造反到底，也无非有两种结局。

一是被朝廷彻底剿灭。老实说，虽然《水浒》作者在描写梁山大军之无往不胜上极尽笔墨之能事，但如果他们拒绝投诚，被剿灭应该说还是其最有可能遭遇的结局。这一点我们只要看一看梁山大军在战略上的部署就很清楚了：梁山虽然屡屡下山犯州掠郡，可本质上都不过是打家劫舍的勾当，捞取一点油水后便马上收兵回营。也许是因为梁山泊的权力中枢在意志上的薄弱，梁山泊似乎只想维持一种小富即安的局面。而要想对抗一个尽管虚弱、但瘦死骆驼比马大的中央政权，就必须先建立一个稳固、富有回旋余地的大后方，僻居一隅的梁山泊，哪里能担当这种重任呢？真要和历史上那些有数的造反武装相比，梁山大军可以说是差得很远的，因为那些武装是经常要对中央政权发起进攻的，尽管常常是"游击主义"，边打边跑，但至少是一种进攻的姿态，而梁山大军，基本上对中央政权取的是一种守势。那些积极进攻，有时甚至连中央政权都不得不迁都以避其锋的造反武装，最后常常都不免如昙花一现，何况现在还只是勉强固守梁山泊一隅的宋江们？至于书中描写的梁山轻易击败征讨大军的场面，即使不是作者的夸张，对一个中央政权来说，那点损失也是不足为虑的。等到大宋朝真把梁山当作一个心腹大患去应对时，梁山泊实际上是很难长久支撑下去的。

二是侥幸成功，完成了改朝换代的使命。因为梁山大军的先天性弱点和战略上的缺乏远见，这一结局的概率极低，但极低并不代表就全无可能，特别是中国轮回的历史常给人丰富的暗示，否则不会以李逵的粗鲁，也会想到要杀到京城去夺了鸟位。当然，要获得这样的成功，是要付出极大的代价的：像李逵这样的供驱驰的将领，有可能会在攻城拔寨中损失殆半；甚至可能连梁山泊王宋江也死于非命，所幸在造反武装中重新推举一个领袖并非难事，只要继续扛着"官逼民反""替天行道"什么的大旗，给追随者一个"杀上东京，夺了鸟位，大家快活"的希望，就够了；至于敌对阵营，其损失就更不用说了，"天街踏尽公卿骨，内库烧为锦绣灰"，这已经是极平常的景象，甚至连大宋朝的皇帝，也可能在众叛亲离中凄凄惶惶地自行了断。这都是可以想见的代价，还另有一些代价可能是当事双方常常漠视的，那就是人民所受的苦难。在这样对垒双方非此即彼你死我活的争战中，老百姓既不能逃到桃花源，就必须选择一方，而这样的选择未免太艰难了。近代史上清帝退位后因为还有人闹复辟，所以民间流传一句顺口溜："不剃辫子没法混，剃了辫子怕张顺"，真实代表老百姓左右为难的苦境（"张顺"可能是辫帅张勋的讹音）。于是就在这样艰难的选择中，老百姓被一方以"叛逆"的名义杀戮，接着又被另一方以"叛逆"的名义再度杀戮，就是再常见不过的景象了。……

这样惨重的一幕，在讲究历史必然性的人心目中，倒也算不了什么，因为在他们看来，这是历史前进必然要付出的代价。问题是，历史前进了多少？梁山大军成功以后又会怎样？毛泽东主席在论述《水浒》的文章中说："宋江投降了，就去打方腊"，因为以往的历史事实俱在，我们可以接着伟人这句话，试着为梁山造反成功的结局下一转语：宋江成功了，又是一个赵匡胤。"又是一个赵匡胤"之后，应该是"又冒出一个宋江"。

梁山泊是常胜军吗?

梁山好汉是堂堂英雄，梁山大军是威武之师，这在世人心目中早已定格。我是颇不以为然的。关于第一条，我在后面的文字中，还将用不少的篇幅对很多好汉不那么“英雄”的行径，表示一点不满，而且基本上只推许林冲、鲁智深等三四人为真英雄，言外之意，真有几分“余子何堪共酒杯”的味道。至于第二条，梁山大军是不是一支几乎不可战胜的威武之师，这里也还想略费笔墨。

表面上看，我要坚持自己的看法是很有一些难处的。毕竟，梁山大军有辉煌的战史在：从晁盖劫取生辰纲败露，官兵围捕被大败开始，中间相继有智取无为军、三打祝家庄、破高濂、打青州、打大名府、两赢童贯、三败高俅，直至征方腊等一系列战斗或战役，结果无一不是以梁山泊大获全胜而告终。那么我又该从何处入手分析，来驳倒“梁山泊是常胜军”的论断呢?

其实只要稍作认真思考，找到支持我观点的论据也并不难。

不妨先打一个比方。如果安排狼与羊比武，那结果是不用说的，在庞大的羊群中，哪怕只安排一只狼，也会以狼“风卷残云”，建立“赫赫武功”为结局。然而，我们能否因此就给狼挂一块“森林之王”的牌匾呢？当然不能，因为老虎和狮子不会答应。

硬要论梁山大军的战斗力，就他们所表现出来的看，充其量也不过是那只狼。这么说并不是我一心在诽谤他们，请注意我在前面所加的“就他们所表现出来的看”这句定语，也就是说，梁山泊也有可能从“狼”的水平向“森林之王”的方向发展，但很可惜，他们始终只是在和羊乃至羊群战斗，而没有遇到能够显示他们“森林之王”攻击力的机会。说其对手是“羊群”，如果仅仅着眼于战斗力的话，应该并不夸张：围捕晁盖被割了鼻子的何涛，依靠老爹权势、智商连黄文炳都不如的蔡九，轻易就中了宋江反间计的慕容知府，只知道装神弄鬼、一旦装神弄鬼失灵就惊慌失措的高濂，……这些人怎能带好兵打好仗？他们和梁山泊对垒，真的就像给对方战史添彩的机会似的。梁山泊胜了他们，我看真是胜之不武，能够炫耀出多少军威呢？

如上所说，梁山大军横行山东河北，官军莫敢撄其锋，是不是纯粹因为地方军政负责人太过贪鄙和平庸，如果换上一个较有才干的，就能在和梁山泊的抗争中战而胜之？也不尽然。实际上各地郡县无法和梁山泊抗衡，几乎是一种必然。这就要说到宋朝在兵制和地方行政上的几个大失策。

“强干弱枝”的恶果

宋朝政权是在五代军人割据的混乱局面中建立起来的，宋太祖赵匡胤本人就是军头，又是靠军人的拥戴登上皇帝宝座。因为自己的经验，宋太祖一直有两块心病，一是怕军头权力过大，二是怕地方割据，不听命于中央。

要让这两块心病落地，宋太祖便不得不拼命加强中央集权，实质上就是抬高他的的君权，把人事、财政和兵权都紧紧攥在自己手中。这就是所谓“强干弱枝”的政策。自宋太祖以降，即使后来的皇帝能力远不如开国之君，对这一政策都是躬行不逾。在“强干弱枝”政策之下，宋朝地方政府几乎没有什么权力，不仅财税收入上缴中央，就是地方上选拔的兵士，只要身体壮武艺高的，也必须送到京城去当“禁军”，地方上只有淘汰下来的老弱病残，留下来当“厢军”，“厢军”的战斗力极差，是根本打不了仗的。虽然“禁军”的战斗力强一些，也会派到地方上戍守，但因为宋王室猜忌军人，怕带兵的人拥兵自重，乃实行轮番戍守之制，譬如这支部队今年戍守山西，隔一年调中央，再又可能调到山西，兵调而领兵的将领却并不调动，这样把部队每年调来调去，除了虚耗国帑，更重要的是酿成了“兵不识将，将不知兵”的荒唐局面，“禁军”的战斗力也要大打折扣了。

以上宋朝在兵制和地方行政上的弱点，钱穆先生在其《中国历代政治得失》和《国史大纲》两部伟著里，分析得十分透彻。钱穆先生论史的一大特点，是常常能够摒弃今人因时代变迁而容易滋养的成见，他虽然在上述著作里剖析了宋王室的失策，但也心平气和地认为，宋王室有其苦衷，为了力避五代那种军阀割据的局面，揆诸当时的实际，宋朝制度也自有合理性。整个两宋时代，没有一个抗命的地方政府，也没有崛起一个跋扈的军人，这都不能不说是宋王室的一大成功。但片面的“强干弱枝”，造成的地方贫弱，其危害也是非常严重的。和平时期，这种危害性暴露的也许还不充分，一到民乱和外敌入侵，就看得清清楚楚了。北宋末期，金人攻宋，中央首都（东京，即今之开封）一失，各个地方因为实力太差，组织不起有效的抵抗，全国很快土崩瓦解。这一点只要和唐朝比对一下就更显豁了：

唐代安史之乱，叛军也是攻进了都城，但因为唐王朝地方行政较宋优越，各个地方实力雄厚，可以各自为战与敌周旋，所以最后还能化险为夷。

明了以上背景，再来看《水浒》中梁山大军的“武功”，我们不能不说，梁山泊所谓纵横山东河北的战绩实际上是有很多水分的。也许这的确是一支强悍的队伍，但它取得的一系列胜利却并不足以证明其真的具备超强的实力，因为它面对的敌手太不相称了。那么梁山泊和中央大吏童贯、高俅亲自征调、统率的“精锐”的战斗，是否能够证明梁山泊之无坚不摧呢？这应该从两面去考察。一是从历史事实看，梁山泊并没有和“中央军”争锋的机会，估计它当时的实力还不足以让大宋朝派中央军去围剿；二是从书中描写看，中央军的失败早已铸就，因为它的统帅是童贯和高俅这样既贪鄙又昏庸的奸臣，两军对垒的结果并不需要靠实力就基本可以判定了。

像梁山泊这样一些通常被称为“草寇”的武装，居然能够在地方上横行，在宋朝历史上远非鲜见。《续资治通鉴长编》就记载：宋仁宗时期，有一群“强盗”在江苏高邮一带劫掠，当时知州是一个叫晁仲约的文官，“知不能御”，于是晓喻官民，各出金帛，准备“牛酒”，去抚慰“群盗”，“盗悦径走，因不为暴”。这件事传了出去，朝廷大怒，有些人建议将晁仲约正法以儆效尤，却遭到了当时名臣范仲淹的反对，理由是“高邮无兵无械”，“事有可恕”，最后朝廷采纳了范仲淹的意见。从这件事上，我们可以看出北宋时期，地方之虚弱残破到了何种地步，像这样名不见经传的“群盗”就可以让一个知州自动放弃抵抗，梁山泊之攻城掠寨，又有什么值得自夸的呢？

梁山泊的几次“走麦城”

不是什么“常胜军”，多数时候是因为其对手太不相称，恰好成全了梁山泊的赫赫武功。

这里就有了一个问题：梁山泊一旦遇到稍稍像样点的对手，又会如何呢？

梁山泊的战史中，也不是就没有遇到真正的对手。祝家庄、曾头市，就先后让梁山大大地吃了苦头，曾头市一战还使老天王晁盖殒命，更是奇耻大辱。最后虽获胜利，但也是靠机诈，虽然这也是战争中的常态，毕竟不是纯然靠一支部队的攻击力取胜，若以此计算其战斗力，或许要稍打折扣。最末的征方腊，那就更是货真价实的“惨胜”，“杀敌一万，自损八千”，这样的“胜利”，又怎么好说是一支“常胜军”之所为呢？更重要的是，读者须知，虽然方腊部队和曾头市、祝家庄在梁山泊面前表现相当神勇，可老实说也并不是多么凶悍的队伍。历史上的方腊，面对宋军的围剿，是很快就归覆灭了；曾头市等地方武装，大概是王安石变法，推行“保甲法”后兴起来的，和后世“民兵”差不多，选用的都是本地农民中比较精干的人员，因为地域、家族关系，容易抱成团，确有一定战斗力，但受到当时客观条件的制约，比如朝廷不会允许地方武装的实力超出防卫需要等等，《宋史》上就说“非军兴不得擅行”，也不可能成长为一支具备强大攻击力的队伍。宋朝地方武装的实力不会很强，否则后来金人入侵，也不会那么快就使北宋亡国了。读《水浒》的人切莫误解时代，以为当时的曾头市、祝家庄和清朝兴起的湘军、淮军差不多，真的可以独当一面。

然而，我们看到，就是像方腊、曾头市、祝家庄等一类实力远非强大的队伍，却已经要让梁山泊大皱眉头了。

这说明了什么？说明梁山泊的军力实在有限。还说明只要应对有方，梁山泊即使在地方政权虚弱的郡县，也并不是不可战胜的。

探究方腊、曾头市、祝家庄之所以能够和梁山泊抗衡的原因，其实也很简单，无非是队伍内部比较团结，利益诉求比较一致：方腊军内，都是一同起事造反，生死与共；地方武装，成员都是乡里乡亲，保卫家园不受侵扰也符合共同利益。我们看《水浒》前面的十几个章节，仿佛梁山好汉几乎个个是奇人异士，而曾头市、祝家庄、方腊那边几乎没有什么能人，然而，他们不过是心齐了一些，就居然差点让由无数奇人异士组成的梁山大军“走麦城”，由此一点，不是可以给人很多的思索吗？

不一样的“经济人”

“经济人”的概念不是本土的，而是源出于英国经济学家亚当·斯密的伟大著作《国富论》。亚当·斯密认为，参与经济生活的每一个人都追求自己的最大利益，能作出比其他任何人更正确的决策，因为关系的是自己的利益，并且又是直接当事人，所以他会对自己的决策极端负责任，会精心地计算成本和收益，然后作出最有利的选择。这样的人就是“经济人”，虽然经济人的初衷都是为了谋求自己的最大利益，但由于社会是个人的总和，当社会中的每一分子都能取得最大收益的时候，整个社会所拥有的资源就找到了最大的用途，社会经济就能得到最大限度的发展。“经济人”的概念是亚当·斯密乃至整个西方经济学说的立论基础。

在关于水浒英雄的书中，突然谈起什么“经济人”理论，似乎有点无厘头。其实不然。

我读《水浒》多年，始终对一个问题大感困扰，即在我的印象中，梁山好汉们的行事，似乎从来都是不讲后果，不计成本的。而我后来正是因为接触到了亚当·斯密的“经济人”理论，才对这一问题有了透辟的认识。

一个智商、情商各方面都正常的人，应该天然就是亚当·斯密所说的经济人，他做每一件事时，都会自觉权衡一下利弊和得失，力求收益最大而所付出的成本最小。可是，我们看《水浒》中的英雄们，却仿佛全然不是这样。青州城外数百人家“都被火烧做白地”，“杀死的男子妇人不计其数”，以如此高昂的成本，换来的不过是逼得秦明入伙，这要让“经济人”去算账，肯定是算不过来的；为了赚卢俊义上山，梁山前前后后投入了多少人力，付出了多少心血且不必说，单是因此而死掉的人，如李固、卢俊义娘子、大名府攻破后被残杀的无数居民，就会让一个经济人大费踌躇，可是宋江吴用他们却毫不以为意，而结果呢，也不过是得到了一个差点让山寨闹不团结，后来也并未立下多大殊勋的“二把手”，收益和成本失衡之严重，是正常人都看得清清楚楚的。另外，像为了赚朱仝就轻轻松松杀掉一个四岁小孩，董平为了得到一个有殊色的女子，却把对方一家人都杀了个干净，等等，都是只会算收益和成本的经济人所难以理解的。

水浒英雄为什么不是通常意义上的这种经济人？也许有人说，这很好理解，江湖社会嘛，它不受官方法规的制约，不能以常情常理去揣摩也。这话自然不错，但江湖社会恐怕也不能不讲收益和成本吧？一个江湖组织，如果老是做那种成本巨大而收益却甚微的勾当，一天两天可能还行，日久天长，哪里还支撑得下去呢？

在我看来，梁山虽然是“替天行道”，但也不能免俗，也会讲收益和成本，只是他们的计算方法和我们正常人区别太大。易言之，在对“收益”和“成本”的判定上，水浒英雄自有其独特的价值观，他们是另一种“经济人”。

如果要论“成本”，普通人第一个想到的就会是人的生命。这是在情理之中的，没有生命，什么都谈不上了，所以，普通人最珍惜的首先是生命，即使是那些信仰坚定、由特殊材料造成的人，不到万不得已，他们也绝不会轻轻易易地拿生命作成本，去交换什么。可是水浒英雄似乎就不一样了，他们的口头禅是“脑袋掉了碗大个疤”、“二十年后又是一条好汉”。如此看来，他们之视生命如草芥，是包括自己也在内的吗？据我看，多数时候这可能还是一个误解。水浒英雄不怜惜生命是肯定的，但是否真的都连自己的脑袋也这般贱视，还大可商酌。细考《水浒》，除了李逵等极个别，多数英雄们实际上是很在乎自己的生命权的。如果有人有意或者无意威胁到了他们的生命权，他们绝不会秉持“脑袋掉了碗大个疤”的信念，傲然地说“你拿去好了”，相反还会拔剑而起誓死相斗，“仇当快意报应尽”，直到将对手完全消灭，才会感到称心如意。梁山好汉贱视生命，无数的血腥杀戮见证了这一点，但这个生命明显是不包括他们自己在内的，他们只是视别人的生命如草芥罢了。

既然把别人的生命不当回事，那这常人最为珍惜的“生命”，在梁山好汉心目中，还会是多么了不得的一项“成本”吗？为了一个人，牺牲成百上千条生命，经济人会坚决拒绝，因为这“成本”和“收益”太不平衡了，而在水浒英雄看来，这成百上千条鲜活的生命是几乎算不上是什么成本的，所以，哪怕他们因此而得到的这“一个人”，只能在梁山负一点洒扫之责，但只要还有一点用处，那么相对于那几乎算不上是什么成本的成百上千条生命，这笔账仍然是合算的，是赚账而非亏账。战国诸子百家时期，有一派叫“杨朱学派”，他们是“拔一毛而利天下，不为也”，水浒英雄们则是牺牲天下而只要能够得到一毛，都会欣欣然去做。

普通人心理、情感、利益上往往都难以承受的“成本”，到了水浒英雄那儿，就会不值一文。这不仅因为他们对“收益”和“成本”的判定，和我辈庸夫俗子迥然有别，还有一个很重要的原因，这就是无论什么样的成本，什么样的惨重代价，事实上都没有让他们去偿付和承担。读者应该注意这样一个细节：在每一场血腥的杀戮之后，都会接着上演英雄们的狂欢节。青州城外死了那么多平民百姓，宋江等人随后就为自己计谋得逞赚得秦明入伙而举杯了；祝家庄被洗劫，准备投诚的扈成一家尽被诛杀，而梁山则开始大摆庆功宴；大名府尚在战火中呻吟（那一仗，官方的战报是“民间被杀者五千余人，中伤者不计其数，各部军马总折三万有余”），梁山则为卢俊义的上山而“连日杀牛宰马，大排筵宴”；……在狂欢之中，会不会有人为刚刚过去的残酷杀戮而不安呢？即使有，应该也极少吧。原因在于，这本来就是一个对生命缺乏敬畏感的群体，甚至连市井社会的一点因果报应观念都极其稀薄，还因为，几乎没有任何力量，可以在其狂欢之中，发出严厉的声音，拿出果敢的行动，使他们惊悚。

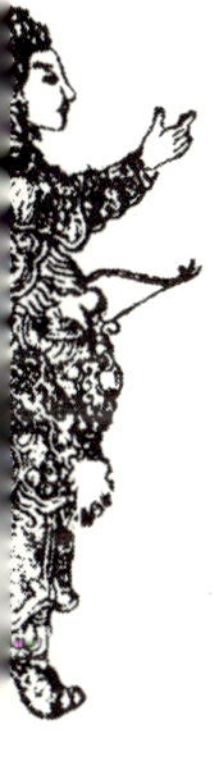

水浒英雄就是别一种经济人，他们和亚当·斯密所说的经济人的区别，不仅在于对“成本”和“收益”的估价不同，还在于，他们具有一颗冷酷的心。刚刚进行一场血腥的杀戮，血衣未洗血手未干，马上又投入到狂欢的盛宴中，这是需要非同寻常的心理调适能力的。一个情商、智商正常的人，迫不得已的情况下成为了屠宰大军的一员，已经会有很大的心理负担了，如果还要逼着参加这样的狂欢盛宴，那多半会发疯的。而水浒英雄们对此却能够做到全身心投入，除了狂欢，似乎没有任何东西会使其牵挂和不安，我只能说，他们真的不是常人。

水浒英雄不是常人，那么他们是什么人呢？要么是“圣人”，充满了救世的激情和狂热，总以为自己的行动是在拯救芸芸众生，丢掉几条性命也是在超度他们，是拯救苍生的必要路径；要么是“疯子”，所有人情物理和俗世的价值观在他们那里都是一个颠倒，而水泊梁山说到底也就是一个疯狂的小社会。

江湖不是讲情理的地方

年过而立，读《水浒》二十余年，关于水浒的文字断断续续也写了近二十万言，如果有人问我，对水泊梁山，最大的观感是什么，我只好说：这是一个我们常人很难以常情常理去揣摩的世界，它逸出了我们的思维常轨。

在一个正常的社会，芸芸众生为什么还能在大大小小的圈子里交往和生活？是一种什么东西决定着他们应该这样做而不应该那样做？在西方的公民社会，这种制约的力量更主要的来自于公民对法律的信仰，而中国传统社会，官方的“三尺法”当然也有重要作用，但它主要是让臣民们畏惧的，臣民们很多时候并不知道具体的法律条文是什么，所以，维系中国传统社会还能在一个相对稳定、正常的状态下运转，更依赖“礼”的作用。

“礼”的源头、内涵和表现形式等问题，留待专家们去讨论。我的一个感觉是，“礼”虽然表面上好像只是一种纯粹的仪式，但经过长期的演变，一旦固定下来并获得芸芸众生的认同，那么“礼”中自然蕴含了“情”和“理”的两面。有人以为“礼”必然排斥“情”，其实不是这样。

比如，过年过节慰问尊长，千百年下来已经形成一套模式，但人们在按这一模式履行的时候，又岂止是“理”当如此？何尝不也是“情”当如此？

中国传统社会里，维系普通人正常交往的，无非“情”和“理”二字。而江湖社会正好与此相反，它根本不是一个讲情理的地方，既不能以情动之，也不能以理喻之。

林冲被高俅设计陷害，发配沧州，路上两个公差董超、薛霸要夺他性命，“林冲见说，泪如雨下，便道：‘上下，我与你二位往日无仇，近日无冤，你二位如何救得小人，生死不忘。”董超脱口而出了一句妙语：“说什么闲话？”金圣叹特为董超的妙语批了一段，“临死求救，谓之闲话，为之绝倒！”董超极平常的一句话，金圣叹却能读出一种喜剧的味道，艺术敏感惊人。为什么会有这种效果呢？就是因为两种话语系统在这里生硬对接，形成了强烈的反差：林冲那时候虽遭陷害，还是市井社会中一分子，其言行仍然还在常情常理的范围内，所以遇到生命遭威胁的紧急时刻，还要和常人一样讨饶，希望引起对方的同情，而这在早受江湖文化熏染、接受江湖法则的董超看来，却不过只是一句“闲话”而已！

不是同一个话语系统，不受同一法则的制约，常人遇见江湖人物，不论是像董超这样的恶棍，还是所谓的水浒英雄，都只好避而远之。如果不幸近距离接触，也只能学金人“三缄其口”，听凭处置。如果不遵此办理，还要喋喋不休地去讲情理，那不仅所触的霉头可能更大，还会成为江湖的谈资，就像董超讪笑的“说什么闲话”一样。

武松帮施恩夺快活林酒店，装作客人上门喝酒，问酒保：“你那主人姓甚么？”酒保答道：“姓蒋。”武松道：“却如何不姓李？”面对这样匪夷所思的问题，像我等普通人如何回答才是呢？真的只好噎死算了！而让你噎死了还觉得憋屈的是，别人问这样的问题，本来就不是要你来回答的！从武松一进门开始，蒋门神和酒保们就注定要挨武松的铁拳，虽然蒋门神不是什么好鸟，但那个酒保估计不会是大奸大恶之辈，挨打后难免会郁闷：你武二郎打就好好打一顿吧，何必拿“如何不姓李”这样的问题促狭人呢？说起来，还是那个卖肉发家的郑屠比我们看得明白些，他就知道鲁达左一个“精肉臊子”右一个“肥肉臊子”，是特地来“消遣”他的。

“消遣”，一个绝好的词语。《现代汉语词典》释此词为“消夜；消夏”，不仅释义欠完整，也远远未能传出其神韵。猫吃老鼠，用爪子拨它一拨，然后假装抬头看天，这是“消遣”；张横在浔阳江上干杀人越货的勾当，在对方着道已然束手就擒的时候，要人选择吃“馄饨”（丢下水淹死）还是“板刀面”（一刀一个剁下水去），这也是“消遣”。消遣者的神态必然是气定神闲的，因为他知道被消遣者不论怎样挣扎，都逃不过自己的手心。

《水浒》一部大书，从某种角度说，就是江湖英雄“消遣”世间庸人的历程。有的消遣是大快人心的，如鲁达消遣郑屠，而更多时候则不是这样。面对英雄的消遣，你不能揣着一肚子“阅世经”，以常情常理待之：求情讨饶自然不行，会得到“说什么闲话”的讥诮；别人问你吃“馄饨”还是“板刀面”，你也不能说横直一死，你给我一个痛快吧，因为你痛快别人就不那么痛快了，你得承认英雄天生有消遣你的权利。

一个人要想融入江湖，就必须自觉接受那一套独特话语和法则的改造，否则你就永远不能成为江湖上的成功者。宋江之所以后来一跃成为江湖组织的领袖人物，我以为，这与他所受的磨难是分不开的：在清风寨，在浔阳江，在揭阳镇，宋江都差点成了英雄的刀下鬼。而这每一次的磨难，都使宋江受到了一次比一次深刻的教育，从而为其最后如鱼得水地融入江湖打下了坚实基础。不妨看揭阳镇这一次。“病大虫”薛永在揭阳镇上耍拳卖艺，因为事先没孝敬“镇霸”穆弘穆春兄弟，无人敢捧“钱场”，路过此地的宋江不明就里，给了五两银子，便遭来连续祸端：镇上无人卖饭他们吃，也不敢留他们住宿，穆弘穆春兄弟更带着人马疯狂追杀。在事情的起初，宋江面对穆春的斥责，兀自说：“我自赏他银两，却干你甚事?”穆春怒骂：“你这贼配军，敢回我话!”宋江道：“做甚么不敢回你话!”宋江的回答当然会博得我辈的称赏，因为他理直气壮，甚至连穆春他老爹也不认同儿子的作为，“他自有银子赏那卖药的，却干你甚事！你去打他做甚么?”都说得何其好也。可惜这一套在穆家兄弟那儿全然失灵，原因就是双方原本各有话语系统和法则。最妙的是那句“敢回我话!”迂阔的人可能会因此而问一句：如果别人不回你的话又会如何呢？是的，回不回话，结果其实都是一样的，但穆春偏偏就要对宋江的“敢回我话”而愤怒，好像如果宋江不回话还不会引来杀身之祸似的。看过上面的文字的人自然明白，这也就是“消遣”吧。

宋江虽然学吏出身，颇通权诈，在清风山上也曾做下惊天动地的伟业，但到底江湖阅历还远非深厚，意识深处还有一点“常情常理”的余迹，我们看他面对张横吃“馄饨”或者“板刀面”的问话，还傻傻地答道：“家长休要取笑!”这不和那个可怜林冲的求情竟如出一辙么？林冲的求情换来董超“说什么闲话”的讪笑，宋江的呆傻换来的是张横的呵斥：“老爷和你耍甚鸟!”

宋江的一连串跟头栽得不轻，好在最后都吉人天相逢凶化吉了。更重要的是，因为宋江混江湖的天资卓绝，这些跟头乃积淀而一变为他行走江湖的宝贵财富。他从此把过去残存的一点“常情常理”抛在了一边，做江湖人，说江湖话，做江湖事。他把差点害他性命的张横和穆弘都扶上天罡星的高位，这种非常人能够理解的行动证明，宋头领已深刻懂得，江湖是江湖，市井是市井，江湖不是一个讲情理的地方。